Collection

« Une femme, un peuple »
dirigée par Andrée Zana-Murat

PAROLE D'ISRAÉLIENNE

TSVIA WALDEN

avec Caroline Glorion

PAROLE D'ISRAÉLIENNE

Langue promise sur une terre maternelle

PLON

ISBN : 2-259-19029-4

Sommaire

PROLOGUE

UN PAYS RACONTÉ PAR UNE FEMME

Ce livre vous invite à écouter un pays raconté par une femme.
Je ne suis pas une historienne, je vous livre donc un récit de
l'histoire d'Israël telle que je l'ai vécue.

Entre les rives de la Méditerranée et le fleuve du Jourdain s'étend une terre, promise une fois et plusieurs fois partagée. C'est là, sur la terre d'Israël, que je suis née en octobre 1946, dans un kibboutz de la Basse-Galilée. Je suis donc une Israélienne de souche. La même année que moi sont nés trois de mes plus proches amis, Taksi, Yaki et Youval, qui auraient eu, comme moi, cinquante-quatre ans en l'an 2000, si le temps, pour eux, ne s'était arrêté en chemin. La guerre de 1973 les a tués tous les trois en un mois. Ils avaient vingt-sept ans.

Sur cette terre, deux ans après ma naissance, un nouvel État a été créé, le seul où les Juifs sont majoritaires, l'État d'Israël. Ma vie quotidienne et celle de ma famille se confondent intimement avec l'histoire de cet État. L'hébreu, langue dans laquelle fut écrite la Bible, est ma langue maternelle. Ce n'était pas celle de mon père et c'était à peine celle de ma mère. Il y a un siècle, l'hébreu n'était la langue maternelle de personne.

1

LORSQUE LE PREMIER ENFANT HÉBREU PARAÎT

« C'est à Jérusalem, à l'intérieur des murailles de la ville, que je vis le jour, le 15 Av 5642 suivant le calendrier juif, soit en 1885, moi, fils aîné d'Eliézer Ben-Yéhouda et de Déborah née Jonas. »

Tels sont les mots avec lesquels Ithamar Ben-Avi raconte sa naissance dans un important récit autobiographique[1], un des plus beaux livres que j'aie jamais lus. Paru en 1961, je ne l'ai découvert qu'en 1975, plus de quarante ans après la disparition de son auteur. Son père, Eliézer Ben-Yéhouda (1858-1922), est un des personnages les plus connus de l'histoire de la résurrection de l'hébreu, figure fascinante et intrigante admirée par certains et honnie par d'autres. On l'appelle le rénovateur de l'hébreu ; cette appellation est certainement contestable, mais il l'a bien méritée, en

1. Ithamar Ben-Avi, « Mémoires du premier enfant hébreu », in *La Renaissance de l'hébreu*, traduction de Gérard Haddad, éditions Desclée de Brouwer, 1998.

15

raison des deux grands projets qu'il entreprit : c'est lui qui a commencé la rédaction du premier dictionnaire de l'hébreu moderne ; et c'est lui qui fit de son fils le premier enfant dont l'hébreu a été la véritable langue maternelle. L'histoire de sa vie privée est inséparable de celle du renouveau de la langue parlée. En 1878, il publia un article appelant les Juifs à retourner sur leur terre afin d'y faire revivre l'hébreu : « Nous, Hébreux, nous avons l'avantage de posséder une langue dans laquelle nous pouvons maintenant écrire ce que nous voulons[1]. » Homme passionné, il a décidé de transformer sa propre famille en une sorte de laboratoire vivant où il pouvait mettre ses idées en pratique et prouver que son rêve était réalisable. Il a choisi pour son fils le nom de Ben-Zion (« Fils de Sion »). Plus tard, son fils changera de nom : il s'appellera Ithamar Ben-Avi, nom à double sens : en hébreu, « Avi » reprend les initiales du nom du père mais « Ben-Aviv » signifie en soi « Fils de mon père ».

Pour démontrer qu'on pouvait « naître en hébreu », Ben-Yéhouda alla jusqu'à couper toute relation entre son fils et son entourage : « Lorsque se présentaient des visiteurs curieux de voir le "miracle" d'une mère parlant en langue sainte à son nourrisson, mon père exigeait que l'on m'endorme afin que mes oreilles n'enregistrent aucune miette des langues étrangères que parlaient les invités originaires de tant de pays différents. Chaque fois qu'il avait un moment de loisir,

1. Eliézer Ben-Yéhouda, « Le rêve traversé », in *La Renaissance de l'hébreu, ibid.*

mon père avait coutume de lire des chapitres de la Bible à haute voix, à côté de mon berceau, afin d'accoutumer mes oreilles au son de la langue et à sa syntaxe. »

Le père, militant convaincu, interdisait à la mère de chanter des berceuses au petit, puisqu'elle n'en connaissait qu'en russe. À trois ans, Ithamar ne parlait pas un mot. Les amis de son père l'ont averti : « Et que feras-tu si votre fils reste "idiot" pour la vie ? Ce serait "le sacrifice d'Isaac" dans une forme moderne, mais aucun ange divin ne viendra à son secours... "Ah ! Dans ce cas, lui répondit sans détour mon père, je poursuivrai l'expérience avec mon second fils, mon troisième, mon quatrième, jusqu'à ce que je réussisse." Ma mère écoutait en tremblant, à demi évanouie. »

Un jour d'hiver, Eliézer Ben-Yéhouda quitta Jérusalem pour aller à Tel-Aviv : « Pendant les jours d'absence de mon père, livrée à elle-même avec son fils "muet" pour toute compagnie, la nostalgie de ma mère s'est renforcée, et la détresse de son âme prenait le dessus. Elle me serrait dans ses bras, et de son cœur douloureux les mélodies oubliées de la lointaine terre du Nord, de la Russie natale, commencèrent à se déverser. » Il neige rarement à Jérusalem, mais ce jour-là le froid était devenu plus fort et le vent soufflait fortement, le père décida de rentrer chez lui, pour découvrir que sa femme le trompait : « Il advint qu'elle chantait un chant russe au moment où mon père revint et qu'elle ne l'entendit pas rentrer. Profondément bouleversé, encore revêtu de ses habits de route, son manteau et ses chaussures sales de boue, mon père

17

se mit à rugir : "Qu'as-tu fait ? Tout ce que nous avons construit ensemble dans cette première maison hébraïque, tu l'as démoli en un seul jour ! Du russe chez nous et en présence de notre fils aîné ! Du russe ! Du russe ! Du russe !" »

Ithamar prouve qu'il est bien le premier Hébreu qui paraît sur la scène : « À voir mon père bouillant de colère et ma mère geindre comme un petit enfant pris sur le fait, je saisis dans mon petit cerveau tout ce qui se passait à la maison, je me jetai contre mon père en hurlant : "Aba !" *Aba*, vous l'avez deviné, veut dire papa en hébreu. »

La première fois que j'ai lu le récit d'Ithamar, je venais d'accoucher. Jamais une naissance auparavant ne m'avait fait penser au sacrifice d'Isaac. Je me souviens de ma réflexion : « Quelle bonne idée de la part d'un enfant de trois ans que de se taire pour protester ! » La bavarde que je suis aurait eu du mal à s'imposer le silence : je dépends trop de la parole. Vingt ans plus tard, j'ai relu cet épisode, cette fois-ci munie de quelques termes lacaniens, et je me suis dit : « Voilà ce que l'on appelle un *mutisme électif* — le silence du premier enfant d'une langue qui opte pour la parole à haute voix. »

2

LE KIBBOUTZ D'ALOUMOT

J'ai toujours entendu mon père dire que mon kibboutz natal, Aloumot, d'où l'on voyait dans la vallée le lac de Tibériade, était le plus bel endroit du monde. À certaines heures du jour, le lac paraissait calme, mais on savait qu'il y avait des tourbillons au centre. À d'autres heures, de petits coups de vent faisaient miroiter la lumière sur les vaguelettes. Et même si j'ai quitté Aloumot toute jeune, même si j'ai beaucoup voyagé depuis, et si j'ai vu beaucoup d'autres lacs, il est resté mon paradis terrestre et le plus bel endroit de mon univers.

Mes parents avaient à peine vingt-trois ans quand je suis née. Ils étaient de ceux qui créèrent ce kibboutz dans l'enthousiasme des années d'idéal sioniste et qui cherchaient à y fonder un lieu de véritable justice sociale. Le mot hébreu de *kibboutz*, qui signifie « rassemblement », mêle la signification ancienne du rassemblement du peuple juif à Sion, nom biblique de la terre d'Israël et symbole de Jérusalem, au rêve socialiste moderne d'une vie communautaire qui regrouperait tous ceux qui viendraient s'y installer. La nostalgie toujours présente du retour à Sion se nourrit des paroles du prophète Ézéchiel (11, 17) : « Je vous rassemblerai du milieu des peuples, je vous réunirai de tous les pays où vous avez été dispersés et je vous donnerai la terre d'Israël[1]. »

Mes parents, qui s'étaient rencontrés dans un village de jeunes où l'on recevait des rescapés de la Shoah, ont vécu la création de ce kibboutz de Galilée comme un épisode de la résurrection du peuple juif. Le kibboutz d'Aloumot surplombe le lac de Tibériade, principale source d'eau de tout le pays. Pour les chrétiens, Tibériade est l'endroit où Jésus a marché sur les eaux ; pour les Arabes, c'est le bassin où se rejoignent les eaux précieuses des rivières de Syrie et du Liban. Pour les Juifs, ce lac évoque par sa forme, celle d'une harpe, le souvenir du roi David qui jouait du kinor : c'est pourquoi il se nomme Kineret. Aujourd'hui encore, dans les soirées chaudes et lourdes de l'été, une oreille attentive peut percevoir, à travers le bruit de l'eau, le son d'une harpe. À l'époque où fut créé le kibboutz, la terre pouvait faire penser à des scènes de la Genèse, silencieuse et reposante, que seuls traversent les nomades.

J'aime évoquer le paysage de mon enfance. J'y vois, dans sa diversité et sa richesse actuelles, le résultat du travail de transformation accompli par les pionniers arrivés sur cette terre alors aride et inhospitalière. J'y

---

1. Toutes les citations de la Bible sont tirées de l'édition française de la Pléiade.

vois le fruit du travail et de l'intelligence au service d'une collectivité et au service de la nature.

Depuis le kibboutz, la brume qui monte de la vallée découvre peu à peu plusieurs pans de paysages. Vers le nord, la Galilée verte et paisible. Vers l'est, du côté de la Syrie et de la Jordanie, les monts du Golan et le Jourdain sortant du lac pour suivre son cours vers la mer Morte. Grand nom que celui du Jourdain, pour un si petit fleuve ! « Qu'est-ce qui coule dans le Jourdain ? — Beaucoup plus d'histoire que d'eau... », disait mon père. Vers l'ouest, une vallée cachée, qu'on ne distingue qu'en s'approchant du précipice, une vallée biblique et vierge où l'on rêve de se retirer. C'est là que paissaient les troupeaux. Berger du kibboutz, mon père connaissait tous les sentiers de traverse qu'il avait suivis en penseur solitaire. À l'occasion de ses noces d'or, il nous y emmena. Il me parla alors de ce lieu avec une nostalgie que je ne lui connaissais pas : « Ici, j'ai gardé les moutons ; là, j'ai perdu une vache et, à l'époque, perdre une vache était un drame. » Il me montra, au bord du Jourdain, l'arbre qui les avait abrités, lui et ma mère, lors de leur lune de miel. Il était certes un simple berger de Galilée, mais un berger déjà très engagé politiquement, et qui devait devenir plus tard Premier ministre d'Israël. Dès l'âge de quinze ans, il s'était inscrit dans le sillage de Ben Gourion. Il faisait partie de cette poignée de jeunes activistes déterminés à se battre pour la création d'un État juif indépendant.

En 1946, alors que j'avais à peine une semaine, il partit pour Bâle avec Moshé Dayan, afin d'y représenter les

jeunes socialistes au XXIIe Congrès sioniste international. Il envoyait des cartes postales à ma mère où il
racontait les avancées du congrès et où il s'inquiétait
de mon poids... Le premier de ces congrès s'était déjà
tenu à Bâle, en 1897, sous la présidence de Théodore
Herzl. Le rêve du retour à la Terre promise paraissait
alors tellement irréalisable que Herzl en était venu à
proposer, en 1903, d'établir un « foyer national juif »
en Ouganda. Mais le projet d'un État juif pouvait-il
être dissocié de Sion et de la terre d'Israël ? L'État juif
alors désiré n'était pas seulement un lieu géogra-
phique : c'était aussi le renouvellement du lien avec
les textes anciens et la langue ancienne, en quelque
sorte, la langue promise, sur une terre maternelle...
L'idée de l'Ouganda fut rejetée deux ans après avoir
été lancée. Le Congrès sioniste de 1946 se tint juste
après la fin de la Seconde Guerre mondiale, alors
qu'un tiers du peuple juif venait d'être exterminé et
que les rescapés des camps de concentration, refoulés
par les Britanniques, essayaient désespérément d'émi-
grer vers la Palestine. À ce moment-là, Ben Gourion fit
un coup d'éclat : les instances internationales propo-
saient un partage de la Palestine, que le Congrès refu-
sait. Le groupe politique de Ben Gourion, sentant
l'urgence de la situation, était prêt à accepter immédiatement le territoire exigu proposé aux Juifs. Après
des heures de débats houleux à l'assemblée, Ben Gourion l'emporta, avec une faible majorité. Mon père
voyait là non seulement une décision courageuse mais
aussi un acte visionnaire et vital.

Le jour des noces d'or de mes parents à Aloumot, je suis très naturellement revenue vers la Maison des enfants, réservée aux nourrissons et aux très jeunes enfants. Les mamans du kibboutz y conduisaient leurs bébés dès leur sortie de la maternité. Ce n'étaient pas elles qui s'en occupaient, mais des femmes expérimentées, jouant le rôle de nourrices et de gouvernantes. Les mères venaient toutes les quatre heures, de jour comme de nuit, allaiter leurs nourrissons. Ma mère redoutait ces traversées nocturnes par les allées du kibboutz pour venir m'allaiter, alors mon père l'accompagnait. Ils gardent encore le souvenir de ces petites marches dans la nuit. « Il y a du miel en cette enfant, lui disait ma nourrice, et elle a un appétit qui promet. » Ma mère s'était liée d'amitié avec elle et répétait, dans un large sourire, ces paroles flatteuses.

Ce système de garde d'enfants, qui a inspiré à Bettelheim le titre de son livre, *Les Enfants du rêve*, avait été conçu par la génération des pionniers pour répondre à certains idéaux. D'une part, la communauté dans son ensemble devait se porter responsable des enfants ; d'autre part, les femmes devaient pouvoir reprendre leurs activités après l'accouchement, sans être pénalisées par leur maternité ; enfin, comme les chances devaient être égales pour tous les enfants, ceux-ci devaient bénéficier de la même éducation. Dans ce nouveau type de société israélienne, l'idéal était de respecter une égalité absolue entre tous les membres du kibboutz. Ce système utopique, mis au point au cours de nombreuses réunions, mais assez difficile à appliquer et à vivre dans la réalité quotidienne, dura deux générations. L'amour d'un enfant ne peut pas être pris en charge par une collectivité, disait-on... Et ce système aurait « traumatisé » beaucoup d'enfants. Ce n'est pas mon cas. Il me semble, avec le recul, qu'il m'a donné au contraire un sentiment de sécurité et de confiance en moi, précisément parce que de nombreuses personnes prenaient soin de moi. Je ne me suis jamais sentie, pour ma part, sacrifiée au nom d'un idéal, ainsi que l'ont prétendu certains. Les Maisons d'enfants ont été progressivement abandonnées. Pendant une période transitoire, toutes sortes de compromis ont été expérimentés, mais il semble finalement que l'idée de séparer l'enfant de son noyau familial aille de plus en plus à contre-courant des pratiques qui ont cours aujourd'hui en Israël. La dernière Maison d'enfants a fermé ses portes il y a trois ans. Ma mère, quant à elle, n'était pas convaincue de cette décision. Elle affirme encore qu'elle ne s'est jamais sentie dépossédée de son enfant et considère ce système d'éducation comme le meilleur du monde.

Le kibboutz, cellule de base de la nouvelle société israélienne, souvent traité d'utopie, fut, j'en suis persuadée, un incomparable instrument pour « faire l'impossible ». Comment aurions-nous pu, sans les kibboutzim, nous installer sur les terres inhospitalières du désert ou des zones frontières, et y jeter les fondements de notre indépendance ? C'est dans ces communautés — qui ne représentaient pas plus de 5 % de la population — que la génération d'après-guerre a su former ses cadres et une nouvelle élite de qualité. Beaucoup des dirigeants d'Israël ont grandi dans les kibboutzim : le regretté Itzhak Rabin, mon père Shimon Peres, Ehud Barak, et de nombreux pilotes et officiers de l'armée. Le kibboutz a accueilli les enfants survivants de la Shoah qui arrivaient en Israël sans famille et en a fait des Israéliens qu'on disait « forts de corps et d'esprit ».

La vie y était austère, autant par nécessité que par choix. La priorité allait aux intérêts de la communauté, qui primaient sur les intérêts particuliers : priorité à l'éducation, aux valeurs spirituelles et à la vie culturelle, mais aussi à l'égalité et au partage des tâches dans le travail des champs. Pour ma mère, c'était le mode de vie idéal. Lorsqu'elle a dû quitter le kibboutz d'Aloumot, pour suivre mon père, d'abord en Amérique puis à Tel-Aviv et à Jérusalem, elle continuait, je crois, à souhaiter secrètement que nous reviendrions ici. Longtemps, elle eut pour ce lieu une tendre nostalgie.

Pendant les premières années de l'État, quitter le kibboutz constituait — sauf pour les dirigeants politiques — une sorte de désertion. Même quand ils ont cessé d'y vivre, mes parents sont restés membres d'Aloumot, et, lorsque nous y retournions, ma mère prenait tout naturellement part aux tâches collectives, au réfectoire par exemple. Mon père y invitait parfois des notables étrangers pour leur faire découvrir cette quête de solidarité et d'égalité au quotidien. À Aloumot, jamais nous n'étions reçus comme des invités, toujours comme des membres du kibboutz. Des membres de la famille. Cet endroit est pour moi un lieu de double nostalgie, celle de la famille et celle de la terre : la famille réunie à l'abri du regard public menant une simple vie. Mon point de vue concernant la vie au kibboutz est différent de celui de ma mère. On a longtemps entretenu l'illusion que la vie était égalitaire et que les femmes y possédaient le même statut que les hommes et y bénéficiaient d'une grande liberté. Or, elles y enduraient un double fardeau : elles étaient non seulement soumises au rôle traditionnel dévolu aux femmes (et par leur mari et par la famille), mais devaient de plus assumer des tâches normalement réservées aux hommes...

Depuis les années 90, le kibboutz est en crise : ce mode de vie a mal vieilli. Les pessimistes n'en tirent qu'une impression de désillusion, un rêve brisé ; les optimistes, dont je fais partie comme mes parents, considèrent cette période comme l'aube d'une nouvelle forme de vie, où l'idéal de solidarité et de justice sociale, incarné naguère par la vie au kibboutz, doit aujourd'hui trouver d'autres formes d'expression, plus souples et plus libérales.

3

L'ENFANCE :
« PETITE CASSE-PIEDS LITTÉRAIRE »

En novembre 1947, je venais de fêter mon premier anniversaire, les Nations unies adoptaient le plan de partage de la Palestine. La résolution prévoyait deux États, l'un juif et l'autre arabe, et affirmait le droit naturel et historique du peuple juif à vivre dans un État souverain. Jérusalem devait obtenir un statut international. Mon père avait eu le privilège de se trouver, ce jour-là, auprès de Ben Gourion, l'artisan principal de l'avènement de l'État hébreu, qui eut ces mots terribles : « Aujourd'hui ils dansent ; demain il faudra qu'ils versent leur sang. » Mon père, pas plus que les autres, n'avait compris la gravité de ces paroles : il avait été gagné, comme tout le monde, par l'allégresse. Les gens pleuraient de joie dans les rues de Tel-Aviv, de Haïfa et de Jérusalem. Ils chantaient, ils dansaient, ils s'embrassaient.

Mais Ben Gourion avait vu juste : les pays arabes refusèrent catégoriquement la résolution des Nations unies. Au jour fixé officiellement pour célébrer la création de l'État, le 14 mai 1948, Israël fut attaqué par sept armées arabes, sur tous les fronts et toutes les frontières. La population juive d'Israël comptait alors 600 000 habitants, et la force militaire du pays n'était qu'embryonnaire ; les puissances occidentales refusaient de lui accorder des armes pour se défendre. Ben Gourion avait toutes les raisons d'être troublé. Malgré ses craintes, il n'avait pas imaginé que cette attaque constituait le premier épisode d'une série de guerres qui allaient durer plus de cinquante ans... Désormais, deux peuples se faisaient face : d'une part, le peuple juif, qui venait de prendre une initiative alors sans précédent, et d'autre part, une population palestinienne, qui n'était pas encore politiquement organisée, et qui se sentait agressée par cette nouvelle répartition territoriale. Notre « guerre d'Indépendance » commença. Parmi les combattants, certains arrivaient d'Europe, sortant des camps de concentration, et ne parlaient que quelques mots d'hébreu. Ils luttaient pour une terre dont ils ne connaissaient pas la langue.

À la fin de cette guerre, une sorte de conciliation semblait possible. Les frontières avaient changé : au lieu d'avoir 16 000 km², accordés par l'ONU en novembre 1947, l'État comprenait maintenant 20 700 km² de superficie. Le désert du Néguev et la Galilée faisaient désormais partie du territoire national. Israël s'était agrandi en montrant sa force et sa détermination. Les populations arabes ne pouvaient que constater qu'Israël était un fait accompli, qu'il n'était plus possible de retourner en arrière et qu'une cohabitation devait être établie. Il y eut un début de négociations, mais elles n'aboutirent pas, et les deux parties l'ont payé cher, les Arabes n'écoutant pas Israël, Israël n'écoutant pas les Arabes. Seule la force avait parlé.

Les Palestiniens avaient fui leurs villages à ce moment crucial de la guerre avec la conviction que cela ne durerait que quelques semaines et qu'ils reviendraient très vite chez eux après la victoire des armées arabes. Ils percevaient alors la proclamation de l'État juif comme un épisode passager. On répète souvent que les dirigeants arabes auraient dit : « Nous jetterons les Juifs à la mer ! » Je n'ai compris la complexité de la situation que des années plus tard. Certains Arabes avaient évidemment fui, mais d'autres avaient été chassés de leurs villages, dont il ne restait souvent plus rien. Une période pleine de promesses s'ouvrait pour Israël, comme si c'était un aboutissement et la fin des souffrances, alors que pour les Arabes c'était tout différent, une véritable débâcle. Des années plus tard, ils donnèrent à cet événement historique le nom de Nakbah, « catastrophe ». Certains parmi nous étaient déjà sensibles à la détresse des Palestiniens. Aujourd'hui, les interprétations arabes ont tendance à comparer la Nakbah à la Shoah, ce qui à mon sens entretient et cultive la haine, et empêche l'écoute entre les deux peuples. La Shoah découlait d'une action gratuite et volontaire, basée sur une idéologie raciste qui avait pour but déclaré l'extermination du peuple juif où qu'il soit. Elle a duré presque quatre ans et a entraîné la mort de six millions de Juifs. La Nakbah, en revanche, sans vouloir réduire les souffrances qui en découlèrent, était une démarche issue d'une guerre qui a chassé une partie d'un peuple hors de ses localités. Cette guerre, faut-il le rappeler, est de plus intervenue après un compromis proposé, accepté par les Israéliens et rejeté par les Palestiniens. La version des faits a été excessivement simplifiée, et cela des deux côtés. Les familles palestiniennes se réfugièrent dans la bande de Gaza, en Cisjordanie, dans le sud du Liban et en Syrie. En s'imaginant qu'ils pouvaient gagner par la force. Les Israéliens comme les Palestiniens ont créé un problème dont ils sont les victimes. Alors qu'Israël a déjà pris l'initiative d'enseigner l'histoire de la Palestine en intégrant le point de vue de son peuple, les Palestiniens en revanche restent campés sur leur version. Or, la comparaison avec la Shoah dans le discours politique coupe court à toute discussion.

Ayant complété son service militaire comme commandant de la Marine, mon père fut envoyé aux États-Unis durant l'année qui suivit l'Indépendance. Ben Gourion, qui avait en lui une grande confiance, l'avait chargé d'une mission secrète importante pour l'avenir d'Israël : y négocier des achats d'armes et de munitions, et jeter les fondements d'une coopération régulière pour assurer à long terme la défense de l'État hébreu. Nous avons vécu près de trois ans au cœur de Manhattan, presque clandestinement, dans un appartement à River Side Drive que nous partagions avec d'autres Israéliens chargés des mêmes missions. Pour la petite fille choyée que j'étais, cette sorte de retraite a occulté la plupart des souvenirs de notre vie américaine.

Quelques images restent cependant inscrites dans

ma mémoire : je prends le bus orange du ramassage scolaire, je suis entourée de nos quatre colocataires, jeunes hommes célibataires ; alors que j'écris mes premiers mots sur un petit tableau noir posé au milieu de la pièce, nos quatre amis tentent de se décharger l'un sur l'autre du plaisir douteux de faire la lecture du soir à cette enfant précoce que j'étais : « une casse-pieds littéraire ». Ma mère me rappelle qu'à cet âge je parlais et écrivais l'anglais, alors que mes parents devaient mobiliser leurs efforts pour apprivoiser cette langue.

Nous ne devions pas révéler notre nationalité et nous devions respecter le secret des activités de mon père. J'allais à l'école, je vivais dans une grande innocence, sans rien savoir de ce qui se jouait autour de moi. C'est pendant ces années passées à New York que mon père a commencé de poser les jalons de l'industrie militaire destinée à assurer l'indépendance d'Israël. Longtemps je l'ai entendu prononcer cette phrase : « Il nous fallait être forts, pour ne plus faire la guerre, et forts pour pouvoir construire sans avoir à détruire. » J'ai mis du temps à comprendre qu'en fait il ne suffisait pas de disposer d'une industrie militaire sophistiquée pour ne plus avoir à faire la guerre. Pour arriver à la réconciliation, il faut aussi savoir écouter et comprendre. Passé la cinquantaine (mon âge, et celui d'Israël), on se sent à cheval sur trois générations : je deviens plus attentive aux nuances, et j'accorde à l'écoute davantage d'importance.

À notre retour des États-Unis, en 1952, j'avais presque six ans ; mes parents me donnèrent un frère, Yonathan — Yoni. C'est moi qui avais choisi ce prénom biblique, qui signifie « Que Dieu a donné ». Mon père avait vingt-neuf ans, et en dépit de son jeune âge, il fut nommé directeur général du ministère de la Défense. Nous nous sommes installés à Tel-Aviv.

L'année suivante, je suis entrée à l'école primaire et j'ai vite oublié l'anglais. C'est parce que notre séjour à New York était semi-clandestin que j'avais pu apprendre l'anglais si vite. Nous ne parlions pas l'hébreu en dehors de la maison : j'ai donc pratiqué l'anglais avant l'hébreu. Et pourtant, huit mois après notre retour en Israël, lorsqu'une petite fille de ma classe est venue des États-Unis nous rendre visite, je ne pouvais plus parler anglais, j'avais tout oublié. L'hébreu, ma langue maternelle, était considéré comme le ciment de la nation, et il n'était pas bien vu de parler une autre langue. À cette époque d'immigration massive, des ressortissants de soixante-dix pays avaient débarqué, porteurs d'une multitude de langues. Pour acquérir une nouvelle identité, il leur fallait d'abord acquérir une nouvelle langue, l'hébreu. Celle-ci n'était la langue maternelle que d'une partie de la population vivant déjà dans le pays ; elle était étrangère à tous les arrivants qui allaient continuer de la faire revivre. Sa forme moderne a été ranimée par des personnes qui parlaient à l'origine des langues lointaines et variées, comme le russe, le yiddish (lié à l'allemand), le ladino (lié à l'espagnol) ou le judéo-arabe. Il fallait adopter une langue qui s'écrivait de droite à gauche, et qui avait été pendant deux mille ans une langue liturgique et érudite avant de devenir une langue parlée. Parcours singulier, à l'inverse des autres langues où ce sont plutôt les formes parlées qui s'intègrent à l'écrit. Parcours singulier de cette langue maternelle que très souvent les enfants enseignent à leurs parents. L'histoire de cette langue est particulière en ce qu'elle a coûté cher à certaines familles : des blessures chez les parents, des oublis chez les enfants. Car il faut le dire : la volonté d'utilisation monolithique de l'hébreu a empêché l'ouverture sur d'autres horizons linguistiques et culturels.

Des annonces dans les journaux et des affiches dans les rues répétaient la consigne très ferme : « Homme hébreu, parle hébreu ! » C'est que les langues étrangères auraient pu être une menace pour ce parler encore vulnérable. La pression sociale en ce sens était si forte qu'on regardait avec suspicion ceux qui parlaient une langue étrangère dans la rue. J'avais intégré cet interdit : c'est peut-être pour cela que j'avais refusé de parler anglais avec la petite fille de nos amis américains, à la grande désolation de mes parents.

La forte immigration avait fait tripler la population d'Israël en quelques années, et créé de grands problèmes de logement. Nous nous sommes retrouvés dans un quartier d'immeubles modestes : j'avais sept ans. Ce quartier était destiné à loger en priorité des militaires ou des fonctionnaires du ministère de la Défense. Il n'y avait qu'un téléphone pour tout le monde, et c'était le nôtre. Cinq petits garçons et moi avions pour seul luxe un taxi qui nous emmenait à l'école. Entre les immeubles, dans une cour intérieure commune, les enfants avaient leurs terrains de jeux et leurs arbres pour y faire des cabanes. Nous avions justement déménagé en automne, au moment de Souc-coth, la fête des Cabanes durant laquelle les familles juives construisent (c'est un rituel) des abris de fortune qui leur rappellent ceux que le peuple juif habita lors de sa sortie d'Égypte, et qui symbolisent la fragilité de son destin.

La campagne de Suez éclata en 1956. J'avais dix ans. La situation entre Israël et l'Égypte devenait de plus en plus grave, avec de nombreux incidents de frontière et des menaces prononcées par Nasser contre l'existence même d'Israël ; le nouvel État avait subi une série d'attaques de la part des fedayins (terroristes venant du territoire égyptien) qui s'en étaient pris aux populations civiles frontalières. La coupe déborda lorsque au Néguev, un samedi matin, ces terroristes entrèrent dans une synagogue et assassinèrent de nombreux enfants. L'Égypte a alors empêché un navire israélien de traverser le canal de Suez. Israël a lancé un raid de représailles qui fut suivi par la conquête du désert du Sinaï. La Grande-Bretagne et la France, qui virent dans le blocage du canal une menace pour leur économie, lancèrent parallèlement une attaque contre l'Égypte. Pour nous, les enfants, ce front de guerre en Égypte paraissait loin. À cet âge, on n'a pas une idée très claire des distances, et il n'y avait pas à l'époque de télévision pour nous permettre de visualiser les événements. La guerre était peut-être loin, mais les problèmes financiers qu'elle provoquait étaient proches. Nous cherchions comment y remédier et rendre service à l'État. La population se mobilisait partout pour recueillir de l'argent destiné au Fonds de la Défense, l'association de Keren Hamagen. J'ai participé, comme tous les enfants du quartier, à ces collectes qui devaient servir à acheter des armes. J'ai aussi pris la direction de l'opération « tissage » que nous avions lancée pour vendre des produits d'artisanat que nous fabriquions ensemble l'après-midi. Nous faisions des carrés de tissu pour tenir les plats au chaud, et si les voisins ne voulaient pas nous les acheter, nous revenions alors les solliciter pour les convaincre. La guerre s'est terminée en quelques jours, et le petit État d'Israël, en coordination avec deux puissances européennes, gagna. Mais ce dont je me souviens surtout, c'est que le père d'un des garçons du quartier n'est pas revenu du front. L'enfant est devenu pupille de la Nation avant d'avoir eu le temps de comprendre. Une douleur qui m'était jusque-là inconnue est venue se mêler au soulagement de la victoire.

Ma mère s'occupait de mon jeune frère et de sa propre mère. C'était donc à moi d'attendre mon père, qui voyageait beaucoup, pour lui offrir une boisson quand il rentrait tard le soir. C'était un bon prétexte pour attirer son attention et parler longuement avec lui.

Mon enfance s'est déroulée dans un monde à la fois restreint et ouvert. Israël était alors un pays assiégé. Comme les frontières étaient fermées, nous ne pouvions en sortir qu'en lisant des livres d'autres pays, mais le champ était limité à ce qui était traduit en hébreu. J'ai lu des traductions d'auteurs russes de la fin du XIXe siècle et du début du XXe, avec des citations en français que j'espérais comprendre un jour. De là date mon premier rapport privilégié avec la langue française. J'ai lu les traductions de Romain Rolland, et je rêvais de lire Balzac dans le texte. Nous ne trouvions nos références culturelles que dans ces littératures européennes et ignorions tout de nos voisins : rien ne nous parvenait, y compris de l'Égypte où la communauté juive menait pourtant une vie active et relativement libre. Mon père, lui, avait le monde pour référence. Il nous rapportait toujours, des pays où il voyageait, un petit cadeau. Pour moi, c'étaient souvent des instruments de musique exotiques. Il disait en riant qu'il choisissait ses voyages en fonction des instruments qui me manquaient. C'est ainsi que j'ai monté une belle collection de flûtes à bec.

De ses voyages, il nous envoyait des cartes postales avec de très brefs commentaires : « L'Allemagne est un beau pays », où il fallait comprendre qu'il existait une nouvelle Allemagne, où les traces de la guerre ne se remarquaient plus ; « À Londres, on n'a pas besoin d'arroser » ; « En France, comme tu le verras au dos de la carte, les rois se promenaient dans des jardins »... Mon père aimait alors admirer la verdure, parce qu'Israël manquait d'eau. On entendait à la radio : « Attention à l'eau ! », et « Chaque goutte d'eau compte ! ». Il était conseillé de s'entraîner à boire le moins possible.

Quand il rentrait, il nous racontait ses voyages en insistant sur les châteaux et les repas : l'apéritif, et les traditions — un vin pour les poissons et un autre pour les viandes, les « pousse-café », après le dîner... En Israël, la vie était encore très austère. Tout y était « bi-

naire », comme disait mon père : le choix était entre
pain blanc ou noir, fromage blanc ou jaune, vin doux
de Shabbat ou vin de table... Aujourd'hui, la vie en
Israël est plus raffinée. On y produit de bons fromages,
on y boit d'excellents vins, blancs et rosés, et notre vin
rouge a même remporté des prix ! Mais ce qui était
et reste une question vitale, c'est l'eau, qui a toujours
manqué dans notre région. La nécessité a poussé Israël
à inventer de nouvelles méthodes d'irrigation et des
technologies agricoles aujourd'hui utilisées dans de
nombreux pays, y compris dans la vallée du Jourdain
où les villages arabes emploient nos procédés. L'eau
est une des principales questions abordées lors des
pourparlers avec les pays arabes. Avec la Jordanie, elle
est presque déjà réglée, mais elle ne l'est pas encore
avec la Syrie, ni d'ailleurs avec le Liban et la Palestine.

À la maison, mon père passait de longues heures au
milieu de ses livres, dans ce qui n'était pas vraiment
un bureau et que nous avions baptisé le « Lieu saint ».
Nous ne nous en approchions pas quand il lisait, ni
quand il y recevait quelqu'un. Mais il n'avait pas besoin
de nous imposer une discipline, parce que chacun de
nous était conscient de l'importance de ce qu'il y faisait. La discrétion s'était installée tout naturellement.
La même discrétion était de rigueur quand venaient
des amis politiques. Je servais les jus de fruits, le thé et
les petits plats qui les accompagnaient. J'entendais des
conversations dans lesquelles il était question de la
science nucléaire qu'Israël devait à tout prix acquérir,
ou de la position vis-à-vis des réparations de guerre
négociées avec l'Allemagne et qui provoquaient de

grands débats, et bien d'autres questions. Ce qui se déroulait chaque jour à la maison touchait, je m'en suis rendu compte plus tard, à une partie importante de l'histoire de notre pays. C'était une société d'hommes qui trouvaient très normal qu'une petite fille leur serve à boire. Et moi, qui n'étais pourtant pas docile, j'adorais servir, parce que cela me permettait d'écouter des propos qu'on n'aurait normalement pas tenus en ma présence.

Moshé Dayan venait régulièrement chez nous. Chef d'état-major, ministre de la Défense, il était un grand amateur d'archéologie. Je l'adorais parce qu'il était un homme de la terre qui ne tenait jamais compte du qu'en-dira-t-on. Un jour, je suis allée avec lui visiter des fouilles. Le passage était interdit par plusieurs tonneaux ; le chauffeur s'est arrêté un moment, mais Moshé n'a pas hésité : avant que j'aie le temps de m'en rendre compte, il était sorti de la voiture et avait débloqué la route en me disant : « Viens, pourquoi tu hésites ? » J'étais partie avec lui pour saisir la nature de son attachement à la terre, et je me suis trouvée devant un homme qui justement défiait la loi. Moshé, voyant mon air dubitatif, me demanda : « Et chez vous, la discipline, comment est-elle ? En régime démocratique ? » Il m'a fallu une petite seconde de réflexion avant de lui répondre, avec un air sérieux : « Chez nous, c'est un régime de coalition ! » Dans ses vieux jours, à chaque rencontre il me répétait, avec son sourire malicieux : « La coalition, ça marche toujours ? Il n'y a pas eu de renversement de régime ? » Dayan a écrit un ouvrage qui propose une lecture laïque de la

Bible comme récit historique : chaque fois que je le consulte, je sens au-dessus de mon épaule le général qui sourit de son unique œil. Moshé Dayan devait devenir plus tard ministre des Affaires étrangères, au moment des accords de paix avec l'Égypte.

Le secrétaire militaire de Ben Gourion, qui s'appelait Nehemia, lui aussi venait souvent à la maison (Nehemia, nom du Prophète, signifie « la consolation de Dieu »). Nous avons donné son nom à mon frère né en 1958, et nous l'abrégeons en Hemi. Nehemia Argov, qui faisait presque partie de la famille, nous parlait de Ben Gourion avec une admiration qui me donnait grande envie de le rencontrer. Ben Gourion était un passionné du Tanakh (la Bible) et de philosophie. Il adorait les éditions rares de penseurs aussi bien bouddhistes que grecs. Mais c'était avant tout un homme d'État visionnaire. Nous lui devons l'État juif au moins autant qu'à Herzl. Grâce à lui, Israël n'est pas un État tout à fait comme les autres, parce que son projet de départ est porteur de valeurs particulières. Quand Ben Gourion disait « peuple élu », il cherchait à définir un message humaniste universel dont Israël offrirait une réalisation. Cette façon d'affirmer la grandeur de notre État avait un sens orthodoxe qui différait de celui des libres-penseurs. Autant Israël était petit, autant Ben Gourion aspirait pour lui à une grandeur d'esprit. Pour construire un pays digne de ce nom, ce n'était pas d'un grand territoire dont nous avions besoin, mais d'un engagement absolu. C'est ainsi que nous interprétons encore la survie d'Israël.

Pourquoi le peuple d'Israël a-t-il survécu, sinon parce qu'il a une mission ?

Je me souviens encore du jour où mes parents me dirent qu'il allait venir dîner à la maison. J'étais folle de joie. Je rêvais d'une « rencontre au sommet » pendant laquelle j'aurais parlé de littérature avec lui. J'avais une dizaine d'années et j'adorais parler de littérature avec les adultes. J'avais donc imaginé une mise en scène pour préparer sa visite : j'avais empilé sur mon piano tous les livres que je venais de lire. Ben Gourion entrerait dans ma chambre pour me dire bonjour ; il ne manquerait pas de repérer cette abondante littérature et il me questionnerait certainement. Mais comme l'heure tournait, je dus me mettre en pyjama et aller au lit. Furieuse mais non vaincue, j'ai transporté ma pile de livres sur ma petite table de chevet et je me suis mise au lit, pleine d'impatience. J'étais presque endormie lorsqu'il est enfin arrivé. Il traversa ma chambre et vint s'asseoir au bord de mon lit pour me dire bonsoir. Dans ma somnolence, je perdis tous mes moyens et fus incapable de lui poser les questions que j'avais si bien préparées. Je crois que je ne voyais qu'une chose : il était tout petit !... Or il n'y avait pas encore de télévision et je ne le connaissais qu'à travers les photos officielles. De mon lit, j'étais habituée à voir des adultes beaucoup plus grands, et pourtant, il était un si « grand homme » ! J'étais stupéfaite et triste. Il me tendit affectueusement la main, mais je ne vis que la main d'un vieil homme, à la peau rose et ridée... Pour moi, Ben Gourion était « le Lion », « la Force » et j'étais anéantie. Je l'ai à peine entendu quand il m'a dit : « Ton père m'a raconté que tu voulais absolument me voir ; je suis désolé d'être tellement en retard. » Je suis restée muette. Je n'avais plus de voix. Je regardais ses mains et son visage et je ne pouvais que hocher la tête. Il me dit aussi : « Ah, je vois que tu es une petite fille qui aime la lecture. Quel dommage que nous n'ayons pas le temps d'en parler ! » Puis il a ajouté quelque chose comme : « Il est très tard maintenant ; il est l'heure de dormir. » Il a quitté ma chambre comme il y était entré et moi, je n'étais ce soir-là qu'une petite fille comme les autres, qui devait dormir quand il se faisait tard...

Le lendemain, j'ai avoué à mon père ce qui m'avait déçu au point de me faire perdre la parole : les mains roses et fripées, et la conversation littéraire manquée... Il s'est un peu moqué de moi, puis il a commencé à me raconter ce qu'avaient été ses premiers pas en politique, aux côtés de cet homme qui était son « maître spirituel », pour la vie politique comme pour les nourritures spirituelles et littéraires. Mon père est capable de mentionner dans la même phrase Ben Gourion et le prophète Isaïe, comme s'ils étaient ses amis intimes. Il parle des événements d'Israël comme si c'étaient des épisodes de sa vie familiale. Et j'ai vécu, dans mon enfance, ce sentiment d'intimité harmonieuse. Première née de parents très jeunes, dans un pays où la vie de tous les jours était exigeante, je suis devenue complice de mon père et de ses amis. Beaucoup d'entre eux, qui me parlent toujours avec la douceur qu'on adresse à une enfant, n'arrivent pas à me traiter comme une adulte.

Bâtir un État hébreu fort constituait la priorité des priorités politiques durant ces années. Et pendant ce temps, une nouvelle société israélienne commençait à se dessiner, avec des Juifs issus des quatre coins du monde. Il en venait d'horizons différents : d'abord les révolutionnaires, annonciateurs des mouvements sionistes politiques qui devaient éclater par la suite, des passionnés arrivés sur une terre qu'ils ne connaissaient que par les écrits, la nostalgie et le rêve ; ensuite, ceux qui avaient été persécutés pour une religion qu'ils n'avaient pas choisie et qui avaient survécu aux catastrophes. La rencontre ne pouvait pas se faire sans heurt.

Un événement a occupé les colonnes des journaux à cette époque et m'a beaucoup marquée, « l'affaire Kastner ». Kastner était un Juif d'origine hongroise, qui avait récolté en Europe d'énormes sommes pour négocier avec les Allemands la sortie d'un certain nombre de convois de Juifs hors des camps de concentration. Il fut accusé, après la guerre, d'avoir donné la priorité aux membres de sa famille et à ses amis. Il fut même accusé d'avoir favorisé les riches au détriment des autres. J'avais six ans et demi. La famille Kastner habitait dans le même immeuble que nous, à quelques étages plus haut. La fille de Kastner, qui avait deux ans de plus que moi, m'avait quelquefois invitée chez elle. J'avais découvert là un univers inconnu, sa famille menait une vie « à l'européenne ». Leur appartement était meublé comme il avait dû l'être à Budapest. La mère portait des gants noirs en dentelle et de grands chapeaux à voilette pour se protéger du soleil. Elle avait toujours des tailleurs. La famille mangeait des plats hongrois très raffinés. Lorsque je redescendais chez moi, j'entendais à la radio les accusations très graves portées contre Kastner et j'étais très troublée. Quand je lui en parlais, mon père prenait une position très singulière : « Mets-toi à sa place. Imaginons que tu aies à faire ce choix : libérer dix personnes sur l'ensemble d'une communauté qui en comporte des centaines, dont celles de ta propre famille. Pour être juste, il faudrait choisir une personne dans chaque famille. Mais comment choisir, même à l'intérieur de sa propre famille ? » Mon père disait qu'il était bien difficile de juger les gens qui s'étaient trouvés face à des choix impossibles. Je me souviens que j'avais déjà compris qu'il cherchait avant tout à ne pas esquiver la complexité des situations et qu'il se plaçait du point de vue d'autrui, même quand il y était totalement opposé. Mais, à cette époque-là, en Israël, les gens étaient sans nuances. Kastner fut acquitté par un jury qui précisa cependant qu'il avait « signé un pacte avec Satan ». L'opinion publique l'avait condamné. Il fut abattu dans la rue, d'un coup de revolver. Cette affaire est restée présente dans mon esprit. C'était le premier épisode d'une lourde série de répercussions dues à la Shoah.

4

NOTRE SHOAH :
LE MUTISME DE LA LANGUE

Notre Shoah est un titre emprunté au livre d'Amir Gotfreund paru en 2000[1]. Ce jeune écrivain israélien s'y définit comme membre de la « deuxième génération et demie ». La deuxième génération est celle dont les parents ont survécu ; la demie suivante est constituée des enfants dont les parents étaient eux-mêmes enfants au moment de la Shoah, et qui souvent s'étaient retrouvés en Israël seuls survivants de leur famille. Amir, comme beaucoup d'autres de ses amis, n'a jamais connu ni oncles, ni tantes, ni grands-parents. Dans son livre, il raconte comment il a choisi ses grands-pères parmi des gens âgés revenus de « là-bas » et aussi seuls au monde que lui.

L'État d'Israël et ses citoyens juifs sont très marqués par la Shoah. La génération de mes parents est divisée en trois : ceux qui sont venus avant la Seconde Guerre mondiale, ceux qui sont venus après, et ceux qui n'en sont jamais revenus.

1. Amir Gotfreund, *Shoah shelanou*, non traduit en France.

51

Mes parents, qui sont arrivés en Israël avant la Shoah, ont connu une jeunesse heureuse. Ils se sont rencontrés dans le village de Ben Shemen, un village éducatif exemplaire, créé par un humaniste, le professeur Zigfried Lehman, pour accueillir les enfants orphelins rescapés. Il y avait très peu d'enfants sabras (israéliens d'origine). Ma mère s'y trouvait parce que ses parents faisaient partie du personnel de l'école. Elle m'a dit, depuis, qu'elle s'était sentie différente des autres parce qu'elle était la seule à ne pas être orpheline. Son père enseignait la menuiserie et sa mère était responsable des dortoirs. Mon père, lui, faisait partie des moniteurs du village ; sa famille n'était pas sur place, car ses parents vivaient à Tel-Aviv. Il avait reçu une bourse pour étudier au lycée de Ben Shemen, et en échange il s'occupait d'enfants.

Cette école était conçue sur le modèle du village que Yanush Korczak avait créé en Pologne, et qui fonctionnait selon un régime démocratique assez particulier : sous la direction des enfants. Ces enfants ont tous été déportés, aucun n'est revenu. L'histoire de Korczak, nous a touchés parce qu'il n'a pas voulu se séparer des enfants et a choisi de partir avec eux. Korczak est connu aussi, au même titre que Célestin Freinet en France, pour avoir écrit des livres pour enfants : *Le Roi Mathias*, *Le Magicien* et *Le Poème pédagogique*, dans lesquels il explique la légitimité de cette « Société des Enfants ». En Israël, Ben Shemen, tout comme l'école de Korczac, est devenu symbole de l'éducation humaniste. Son but était de transformer un sort tragique en un point de départ. Les enfants qui ont grandi à Ben

Shemen ont cultivé l'image d'un nouvel Israélien, physiquement fort, labourant la terre, vivant dans la nature, et en harmonie avec ses voisins arabes. Le village était une société autonome qui gardait de l'Europe certains aspects culturels et retenait d'Israël un rapport privilégié à la nature. Il offrait une forme de judaïsme humaniste, un mode d'existence où se mariaient bonheur et laïcité, travail physique et raffinement intellectuel. J'en parle avec une certaine nostalgie, car cette harmonieuse synthèse s'est perdue.

Alors que la Shoah faisait partie de l'histoire personnelle de chaque individu dans le village, personne n'en parlait, comme s'il y avait un mutisme imposé, un accord tacite sur la valeur thérapeutique du silence. Les éducateurs cultivaient l'idée que chaque jeune devait se recréer une identité nouvelle en occultant son passé. La douleur était-elle trop proche ou trop grande ? Les accueillants se sentaient-ils coupables, insuffisamment informés ? Les enfants eux-mêmes croyaient-ils pouvoir oublier ? Peut-être les rescapés avaient-ils honte d'être revenus des camps. La maman de mon amie Lizi Doron ne s'est pas tue. Après sa mort, Lizi a publié un recueil de nouvelles dans lequel elle raconte son enfance à l'ombre d'une mère rescapée d'un camp. Cette femme était obsédée par sa propre parole, elle parlait de son calvaire à tout le monde, en toute occasion, avec des mots empruntés aux diverses langues qu'elle connaissait et mêlait. À chaque fête de Yom Kippour, la mère de Lizi répétait le même rituel : à la synagogue, dans une cour, ou sur son balcon, elle égrenait à haute voix les noms de ses parents les plus proches et de ses amis disparus. « Je suis leur porte-parole, disait-elle. Je vis pour les nommer. » Dans le judaïsme, donner un nom est presque synonyme de donner la vie. La nouvelle qui décrit cette scène a été adoptée par certaines communautés en Israël comme texte liturgique du jour du Grand Pardon.

Pour ma génération, au niveau collectif et même au sein des familles touchées, parler de la Shoah était donc tabou. Je me souviens d'avoir pourtant questionné mon père à ce propos. Il me répondait qu'il s'agissait là du premier chapitre de l'Histoire où Dieu était absent d'une façon inexplicable. Cet aveu m'a marquée. Je sentais, à la gravité de son ton et à la sobriété de la réponse, qu'il y avait là pour lui une déchirure de l'Histoire et une rupture dans la foi. Les membres de mes familles paternelle et maternelle, exterminés, étaient rarement mentionnés par leur nom. Pourtant, un personnage particulièrement important dans la vie de mon père demeure finalement présent : je porte le prénom de mon grand-père. Il s'appelait Tsvi (« cerf »), et je m'appelle Tsvia (« gazelle »). Ma proche famille et mes amis m'appellent Tsiki, ce qui correspond pour moi à une forme de tutoiement (en hébreu, la distinction entre le vous et le tu est absente). Ce n'est qu'à l'âge de douze ans, le jour de ma bat mitzvah (ma communion), alors que je me plaignais auprès de mes parents de mon prénom qui me déplaisait, que j'ai appris son origine. Mes parents ont voulu perpétuer la mémoire de ce grand-père qui, en 1944, avait été brûlé vif par des Alle-

54

mands, avec son épouse et son jeune fils, dans sa synagogue de Vichniva (en Russie blanche) parce qu'il n'avait pas voulu lâcher le rouleau de la Torah qu'il tentait de sauver des flammes. Il me semble que mon père comme ma mère ne pouvaient pas assumer, en dépit de leur choix initial, la lourde présence qu'évoquait mon prénom.

Pour la génération de mes parents, cette partie de l'Histoire ne se serait pas produite si l'État d'Israël avait déjà existé. Beaucoup plus tard, lorsqu'on montrait à la télévision les Éthiopiens sauvés par Israël, mon père m'a dit : « Voilà ce qui aurait pu se passer au moment de la Shoah. » La Shoah symbolisait l'atrocité humaine, mais aussi l'impuissance juive. La création de l'État d'Israël permettait de penser que cette impuissance était dépassée et qu'elle n'allait plus jamais se reproduire.

Ainsi, comme on ne parlait pas de la Shoah ouvertement, il n'y eut pendant longtemps aucun récit individuel, ni dans les familles, ni surtout dans les médias, comme si une conspiration du silence s'était installée. Il n'y avait que les écoles pour en parler et entretenir la relation avec notre passé immédiat, à la fois si proche et si lointain. L'école nous emmenait à Jérusalem voir le Martef Hashoah (la Cave de la Shoah), qui exposait, de façon rudimentaire et assez brutale, une partie des atrocités nazies : les savons faits de graisse humaine, les abat-jour en peau humaine...

J'avais environ quinze ans quand fut créé le mémorial de Yad Vachem, vaste lieu de recueillement où brûle perpétuellement la flamme du souvenir, immense et beau musée moderne qui contient également les photos et les archives de la Shoah. J'y suis allée pour la première fois avec une colonie de vacances, le jour de Ticha Beav (le neuf du mois d'Av) qui est, dans la tradition juive, un jour de deuil et de jeûne : c'est le jour anniversaire de la destruction du premier Temple de Jérusalem en l'an 586 avant l'ère chrétienne, de la destruction du deuxième Temple en l'an 70, qui est aussi la date de l'expulsion des Juifs d'Espagne en 1492 et qui se trouve être aussi la date de la rafle du Vel' d'Hiv' à Paris en juillet 1942. Mon groupe était mené par un moniteur qui dirigeait nos ateliers de peinture, lui-même un très bon peintre déjà connu. Au cours de la visite, nous nous sommes arrêtés en face d'une photo et, avant que je comprenne ce qui se passait, il s'était évanoui. Nous avons su après qu'il avait reconnu son frère sur la photo, un frère qu'il n'avait jamais revu et dont il ne connaissait pas le destin. Quelqu'un s'est occupé de lui, l'a éloigné du groupe et lui a donné à boire. Jamais cette « faiblesse » n'a été ni commentée ni expliquée, mais chaque fois que je tombe sur les œuvres de ce peintre, Yéhouda Bakoun, dont j'admire la sobriété, je revis cette expérience.

La génération qui a vécu cette souffrance n'a pas pu en ouvrir le récit. Nous ne pouvions pas saisir la douleur et le sentiment de culpabilité des rescapés, renforcés par notre propre incompréhension. Nous ne pouvions pas comprendre qu'ils se soient laissé faire « comme des agneaux », comme on disait alors. Ce fut une matière à réflexion pour la formation des jeunes :

on nous disait que six cent mille Israéliens avaient tenu tête à des millions d'Arabes, et nous ne comprenions pas que des millions de Juifs n'aient pas pu s'insurger davantage contre les Allemands. *Comme des agneaux à l'abattoir ?* tel était le titre d'une brochure qu'écrivit alors un rescapé, sous un pseudonyme parce qu'il ne pouvait pas encore le dire en son nom propre.

Les premiers livres sur la Shoah m'ont donné de tels cauchemars que ma mère est allée voir l'institutrice pour qu'elle m'en interdise la lecture. On disait que c'étaient des livres pour adultes, interdits aux enfants. Le directeur m'a appelée dans son bureau pour m'expliquer que les lectures sur la Shoah étaient vraiment trop douloureuses pour une enfant de mon âge. Cet homme si doux, ce pédagogue de l'ancienne génération, exprimait d'un ton ferme l'intime conviction des Israéliens de l'époque : « Nous sommes tous venus en Israël pour avoir une autre vie. » Israël devait ouvrir une page de l'histoire du peuple juif où il n'y aurait pas de souffrance. Les enfants ne devaient pas faire l'expérience de la souffrance. Peut-être est-ce cela qui nous a rendus, par la suite, si peu nuancés et en grande partie insensibles, même si nous sommes très résistants... Pour construire un nouvel avenir, nous devions tirer un trait sur ce drame, nous débarrasser du passé et miser sur la force. Les gens qui venaient de l'extérieur en étaient souvent choqués, au point que cela nous valut le surnom de « sabra », le nom du fruit d'un cactus plein d'épines au-dehors, et doux à l'intérieur.

Certains rescapés portaient toujours des manches

longues, même par les journées très chaudes de l'été israélien, pour cacher les numéros matricules tatoués sur leurs bras. D'autres les montraient avec ostentation, d'autres encore les avaient fait enlever par une intervention chirurgicale. Les journaux étalaient les polémiques : avaient-ils le droit, oui ou non, d'effacer ces « preuves » par une opération ?

J'ai le souvenir, alors que j'étais déjà mère de famille, d'une rencontre bouleversante avec une très belle femme, vendeuse dans un supermarché de Tel-Aviv. Elle avait une beauté qui n'était pas de chez nous : la peau claire et le regard d'un bleu transparent, et quelque chose de contradictoire dans sa conduite. Parfois, elle s'investissait complètement dans son travail ; elle coupait le fromage comme personne d'autre à Tel-Aviv à l'époque, alors que d'autres fois son regard se vidait de toute expression. J'avais remarqué le numéro de prisonnière des camps tatoué sur son avant-bras. Un jour ou je lui avais expliqué que j'aimais venir acheter le fromage chez elle parce que mon mari était d'origine française, elle m'avait regardée en disant : « Quelle génération bénie ! » Quelques semaines plus tard, alors que je m'approchais d'elle, je la vis se figer en face d'une femme de son âge, et avant que j'aie pu comprendre ce qui se passait, elle hurla « Anouchka ! », et l'autre femme s'évanouit. Quand je l'ai aidée à se relever, j'ai vu que cette femme aussi portait un numéro sur son avant-bras et, par la suite, j'ai appris qu'elles avaient toutes deux partagé la même cellule et qu'elles ne s'étaient jamais revues depuis.

Avec l'histoire de mon mari, une autre source, venue d'Europe, s'est ajoutée aux récits que j'avais sur la guerre. Raphi est né à Montirat, petit village de Dordogne où son père avait acheté une ferme dès le début de la guerre. La famille avait quitté la Pologne à cause du *numerus clausus* imposé dans les universités contre les Juifs, la France n'étant pour eux qu'une étape vers la Palestine. Son père avait étudié l'agronomie et sa mère la médecine, métiers jugés particulièrement utiles pour la Palestine. Le reste de la famille avait suivi un peu plus tard et s'était installé à Paris. Mais dès le début de l'invasion allemande, le père de Raphi jugea qu'il valait mieux quitter Paris et, de citadin, devenir paysan. Le grand-père, qui parlait français avec un très fort accent, s'était fait faire des papiers de sourd-muet. Tous se croyaient bien protégés par leurs faux papiers, jusqu'au jour où un habitant d'un village voisin qu'ils ne connaissaient pas est venu les prévenir de l'approche d'une patrouille allemande. Ils ont alors compris qu'on savait, au village et même dans les alentours, qu'ils étaient juifs. À chaque alarme, ils quittaient la ferme pour se réfugier dans les bois. Par crainte d'une descente des Allemands, ils avaient confié à un voisin du village toute la belle argenterie qu'ils avaient réussi à rapporter de Varsovie, en particulier un somptueux chandelier en argent massif. À la veille de la fête de Hanoukka (fête des Lumières qui dure huit jours, avec une bougie de plus chaque jour), le grand-père, malgré le danger, alla récupérer ce chandelier pour pouvoir allumer les bougies traditionnelles. Deux jours plus tard, la ferme de ce courageux voisin, avec toute la belle argenterie, fut brûlée par les soldats allemands. Mais, par miracle, le chandelier fut sauvegardé, et il est aujourd'hui à Jérusalem, chez un oncle de Raphi, le seul fils de la famille qui ait survécu. Son frère Iégyk, qui était médecin, avait été pris dans une rafle alors qu'il quittait la ferme pour rejoindre sa fiancée à Nice. On ne l'a jamais revu. Tous les autres membres de la famille restés en Pologne ont péri dans la Shoah.

Le village de Pressignac, juste à côté du hameau où était hébergée la famille en Dordogne, a aussi beaucoup souffert. À la fin de 1944, un bataillon allemand qui passait par le village, battant déjà en retraite, rassembla sur la place vingt-six hommes pris au hasard et les fusilla. Lorsqu'on visite aujourd'hui le village de Pressignac, on peut lire sur la place les noms de ces hommes tués pour rien. La machine de guerre montée contre les Juifs a laissé des blessures dans la vie paisible de ces villages connus aujourd'hui plutôt pour la qualité de leur gastronomie.

J'avais grandi dans une certaine innocence, et j'ai le sentiment de l'avoir perdue en prenant connaissance des livres sur la Shoah, hantée par la souffrance des Juifs. En 1986, a paru le livre de David Grossman, *Voir ci-dessous : Amour*. C'est un de ces livres dont j'aurais souhaité être l'auteur. Momik, jeune garçon de Jérusalem, fils unique d'une famille de rescapés, décide de poursuivre une enquête pour connaître « le pays de là-bas » dont il ne faut pas même mentionner le nom. Le livre est composé de deux parties : un récit et un glossaire présentés comme une « tentative pour rassembler dans une encyclopédie la plupart des événements de la vie d'un homme ». Le glossaire contient des mots qui s'utiliseraient dans ce pays. Avec son art et sa sensibilité, Grossman a pu prêter une parole aux êtres qui vivaient parmi nous, sans évoquer leur pays et leur langue. Je me suis dit que si le personnage de Momik avait été créé trente ans plus tôt, au moment où j'avais son âge, ma vie aurait été autre, et mon cœur aurait peut-être trouvé les mots qui nous manquaient tellement.

5

LE LYCÉE : UNE ÉLÈVE APPRIVOISÉE

À quatorze ans, en révolte contre la discipline scolaire, je refusais d'aller au lycée. Je préférais la bibliothèque, les disques ou le piano. « Elle ne veut pas, elle n'ira pas », disait ma mère qui s'est toujours fait de l'éducation une idée très libérale, et qui pensait que je changerais d'avis tout naturellement. Mon père, lui, avait une autre opinion : « Tu ne veux pas étudier ? Va travailler. » Devant tant de tolérance, la révolte n'avait plus de sens ! Je finis par m'inscrire dans un lycée assez particulier, le seul lycée où l'autogestion était la règle.

J'ai grandi dans un pays où les enfants jouissaient parfois d'une liberté sans limites, la nouvelle génération d'Israël devant vivre à son gré, en rupture avec les traditions autoritaires de l'Europe qui avaient tant déçu nos parents. Il me semble qu'il y avait là un refus total des bonnes manières européennes, de celles des familles raffinées d'Italie et d'Allemagne, qui n'avaient pas vu venir la violence, et qui n'avaient pas su lui tenir tête.

Les autres lycées d'Israël dépendent des municipalités. Mon Nouveau Lycée — tel était son nom — était autogéré par les enseignants qui en étaient à la fois les professeurs et les propriétaires. Mon professeur de mathématiques, d'origine russe et titulaire d'un doctorat, nous apportait des livres rédigés en russe qu'il nous traduisait au fur et à mesure, avec toutes sortes de questions et de jeux qui étaient de vrais défis intellectuels. J'y prenais un plaisir double, celui de déchiffrer l'écriture cyrillique et celui de résoudre des casse-tête. Il enseignait les mathématiques comme une passion et non comme un exercice scolaire. Je lui dois mon goût pour cette matière, et mon attrait pour l'informatique.

La plupart des professeurs enseignaient ce qu'ils aimaient, et ils allaient chercher pour nous du matériel et des supports didactiques comme ils l'auraient fait pour eux-mêmes. Le professeur de littérature hébraïque nous faisait connaître les poètes maudits, Verlaine et Rimbaud, dans des traductions faites par lui-même et ses amis, de sorte que nous les avions bien avant qu'elles ne soient en vente. Grâce à ce professeur, une partie du paysage intellectuel de Paris m'était déjà familière lorsque j'ai voyagé pour la première fois en France. La jeune femme qui nous enseignait la grammaire nous proposait des analyses novatrices (elle nous parlait de Chomsky avant même la parution de son livre le plus célèbre), et lorsque j'ai étudié aux États-Unis, au MIT (Massachussetts Institute of Technology, centre des études sur le langage), je ne me sentais pas étrangère à la linguistique moderne.

Le lycée : une élève apprivoisée

Chez le professeur de musique, violoniste virtuose qui avait renoncé à une carrière européenne, j'ai rencontré pour la première fois des enfants attardés à qui elle donnait des cours de diction. Je lui dois ma première sensibilisation à l'éducation spécialisée. J'ai participé à la chorale et à l'orchestre qu'elle avait montés au lycée. Ma passion pour la peinture et pour la couleur, je la dois à mon professeur d'arts plastiques de l'époque, devenu plus tard le directeur de l'Académie des beaux-arts d'Israël.

Grâce à ce lycée, j'ai appris l'arabe par des journaux et des publications très modernes que notre professeur faisait venir spécialement pour nous, alors que dans les autres lycées l'enseignement se fondait sur des manuels très conservateurs. Mais la grande différence résidait surtout dans le fait que, chez nous, l'arabe était enseigné à tout le monde dans l'idée de « connaître son voisin », alors que, dans les autres lycées, le discours dominant expliquait qu'il fallait apprendre l'arabe pour « connaître son ennemi ».

Mais, même dans ces conditions, l'apprentissage de l'arabe n'était pas une affaire simple. En fait, mon initiation à la linguistique révèle un aspect de la complexité et de l'ambivalence culturelle et émotionnelle de la vie en Israël. J'ai commencé à étudier l'arabe à l'âge de quatorze ans, et je persiste quarante ans, plus tard à n'être qu'une apprentie. Pourtant j'adore cette langue. Ma mère imite joliment l'accent palestinien. En tant que passionnée d'hébreu, je m'intéresse à toutes les comparaisons faites avec d'autres langues sémitiques. J'aime la musique, la poésie arabe, mais je suis incapable de tenir un discours public dans cette langue. Quelle énigme pour moi ! S'agit-il d'un blocage personnel ? En revanche, je n'ai appris le français qu'à l'âge de vingt et un ans, à Paris lors d'un séjour d'une année, et je n'hésiterais pas à monter à la tribune ou à mener une conversation intime dans cette langue.

Nous grandissions dans un pays jeune qui ne disposait pas encore des ouvrages scolaires disponibles en hébreu. Cinquante ans plus tôt, en 1913, avait eu lieu ce que l'on a appelé « la guerre des langues ». À l'ouverture de l'École polytechnique installée à Haïfa, connue sous le nom de Technion, les professeurs étaient partagés. Une majorité avait pris la décision d'utiliser des manuels allemands pour l'enseignement supérieur. Les étudiants, appuyés par une minorité de professeurs, firent grève en refusant d'accepter l'idée que, dans une école fondée en Palestine, on puisse enseigner en allemand. Ce n'est qu'à la fin de cette longue grève qu'on commença à rédiger des manuels scientifiques en hébreu. Ces professeurs et étudiants militants avaient fourni une preuve que l'hébreu, pendant longtemps réservé à des textes sacrés, pouvait s'habiller d'usages nouveaux et devenir un parler, une langue pratique de tous les jours.

La directrice qui avait fondé mon lycée était une petite dame d'origine allemande, minuscule, que nous appelions par son prénom, Tony, en y mettant beaucoup de respect. Son mari, à son arrivée en Palestine, avait commencé par balayer les rues le jour, tout en étudiant la philosophie le soir. C'était un choix. Tous deux pensaient que les Juifs arrivant en Israël devaient se partager eux-mêmes toutes les tâches. Et tous deux enseignaient parce qu'ils étaient convaincus que, pour créer une nouvelle société en Israël, il fallait miser sur l'éducation.

Moi qui étais arrivée au lycée révoltée, dans le refus de toute discipline autoritaire, j'y ai rencontré une pléiade de personnalités, engagées dans la vie politique, artistes ou pédagogues de grand renom, qui m'ont fait partager leur goût pour la jubilation intellectuelle. J'y ai aussi rencontré une grande partie de ceux qui allaient marquer la vie publique d'Israël, comme le cinéaste Assi Dayan, le fils de Moshé, ou Daniel Barenboïm, le célèbre pianiste et chef d'orchestre.

À la fin de mes études, mon chemin, comme pour tous les jeunes d'Israël, était tout tracé. Le service de la nation passait avant tout, et il était inconcevable de ne pas consacrer son temps à la défense d'Israël, deux ans pour les filles et trois pour les garçons. J'avais vécu jusque-là avec ma famille à Tel-Aviv, dans le centre du pays. Pour le service militaire, je me suis éloignée de la grande ville et j'ai passé deux ans dans le Sud, en plein désert.

6

L'ARMÉE : SIMPLE SOLDATE

La société israélienne tend à classer les gens d'après leur service militaire plus encore que par les écoles ou par le cursus universitaire qu'ils ont suivi. C'est un point de repère toujours présent. On ne vous demande pas de quel lycée vous sortez mais dans quelle unité vous avez fait votre service. Prenez deux Israéliens qui ne se sont encore jamais rencontrés et laissez-les ensemble dans une pièce. Au bout d'un quart d'heure, ils se sont trouvés des liens familiaux ou un passé militaire commun.

Le service militaire a joué dans la société israélienne un rôle unificateur considérable en abolissant en partie les différences sociales et les frontières entre hommes et femmes. Pour les gens des kibboutzim, qui vivaient dans des cercles restreints, il y avait là l'occasion de rencontrer ceux des villes. Inversement, les habitants de Tel-Aviv y rencontraient souvent pour la première fois ceux des « villes de développement », ces cités périphériques, souvent peuplées par les nouveaux arrivants. C'était un lieu de découverte des « autres », et c'est là par exemple que j'ai rencontré pour la première fois de jeunes Juifs marocains installés en Israël depuis les années 50 ; c'est là que j'ai vécu pendant deux mois côte à côte avec des filles religieuses orthodoxes qui chantaient les Psaumes de David pendant leurs marches matinales, et c'est là aussi que je me suis fait des amis druzes — ils servaient dans une base militaire voisine.

L'armée est une société jeune où les soldats, tout en passant du statut d'adolescent à celui d'adulte, assument des responsabilités qu'ils n'auraient jamais eues au même âge dans la vie civile. C'est là, dans ce temps artificiel que personne n'a vraiment librement choisi, que naissent les premières amours et que se nouent des amitiés durables. Appelée à répondre sans cesse aux menaces qui ont pesé sur le pays, cette armée, inévitablement, a été glorifiée. Les officiers occupent dans la société civile une place souvent disproportionnée.

Le monde entier a cru voir dans nos belles soldates souriantes, tenant leur fusil à la main, l'image glorieuse d'un jeune pays moderne, libéré, égalitaire. La plupart des citoyens israéliens ont eux-mêmes longtemps gardé l'illusion que les femmes en Israël bénéficiaient d'un statut égal à celui des hommes. En fait, les apparences, comme je l'ai déjà dit, sont trompeuses et ont un effet des plus pervers. Oui, les femmes comme les hommes faisaient leur service militaire ; oui, les femmes comme les hommes portaient des uniformes ; oui, elles portaient comme eux des armes, mais là s'arrête la comparaison. À l'armée, comme au kibboutz, les femmes se sont retrouvées dans des rôles traditionnels : institutrices ou secrétaires au service des officiers supérieurs. Le reste tient du mythe. Il a fallu qu'Israël gagne en maturité pour qu'un débat public puisse avoir lieu. La désillusion étant une première étape, elle cède aujourd'hui la place à un début de reformulation courageuse. C'est ainsi que l'on trouve de plus en plus de filles dans des rôles généralement tenus par les hommes, comme par exemple instructrice de soldats dans l'infanterie, les blindés ou l'artillerie. À partir de 2001, il n'y aura plus de filières séparées pour les femmes. La même année aura permis d'assister à une première : une soldate s'est vue octroyer le titre de pilote de guerre.

On aurait pu s'attendre à ce que je devienne officier, comme m'y préparaient ma famille et mon lycée. Mais j'ai choisi de rester une simple soldate, sans grade. J'avais une bonne raison médicale : je m'étais cassé une vertèbre en faisant des exercices, ce qui m'interdisait de porter des armes. Mais, de toute façon, je suis une sorte de « pacifiste manquée » qui a toujours eu une véritable aversion pour les armes.

J'ai donc choisi de faire mon service militaire dans le Nahal, l'unité de la Jeunesse pionnière combattante. C'est une filière de l'armée créée pour mettre en valeur des terres choisies par Israël, généralement dans des zones totalement désertiques, près des frontières. Dans ces régions dangereuses dépourvues d'infrastructures, les civils avaient des difficultés à s'implanter. À la différence des colons qui s'installent de leur propre initiative dans un lieu choisi pour des raisons idéologiques, les pionniers suivent une politique tracée par l'État pour l'exploitation des terres. Dans les deux cas les conditions de vie sont dures.

Je suis partie en 1964. J'avais dix-huit ans, et ces années ont compté plus que d'autres dans ma vie. J'ai été envoyée dans l'Arava, la plaine la plus aride d'Israël, entre la mer Morte et Eilat, à six heures de Tel-Aviv. L'endroit, nommé Grofite, se trouve au sommet d'une colline d'où l'on voit les paysages lunaires du désert. À l'ouest, l'Égypte ; à l'est, la Jordanie. Je ne me suis jamais lassée de regarder le soir les nuances de rouges, toujours renouvelées, qui jouaient sur les montagnes. C'est à cet endroit-là précisément que, des années plus tard, devaient être signés les accords de paix avec la Jordanie. J'y retourne encore plusieurs fois par an, pour un projet éducatif que mène l'école des kibboutzim de la région avec deux écoles jordaniennes de la montagne d'en face. Grofite se trouve à quarante kilomètres d'Eilat — un des plus beaux sites de plongée sous-marine. Chaque fois que je vais en faire, je passe devant l'endroit, et j'ai toujours le souffle coupé devant ce panorama.

Au début, Grofite, c'étaient trente tentes. Les soldats du Nahal ont construit petit à petit des maisons en y apportant de l'eau et, pour assurer une certaine fraîcheur, des sortes de climatisations très simples appelées *desert cooler* (« rafraîchisseur du désert »). Ces appareils faisaient couler de l'eau goutte à goutte sur une grille pour rafraîchir un peu l'air alors que la température était de trente à quarante degrés pendant six mois de l'année. C'était notre « musique humide ».

Grofite fut un des premiers lieux de culture du désert : des fleurs, des courgettes et des melons qu'Israël produit pendant les mois où il neige en Europe. J'ai passé de longues heures à travailler dans les champs, avec des agronomes qui menaient des recherches sur l'agriculture en terre aride. Ils se plaisaient à voir cette jeune citadine bien élevée ramasser pour eux des échantillons de terre.

Il faut imaginer cette vie communautaire à quarante personnes, très austère, sans confort, mais extrêmement gratifiante, car Grofite est devenu un kibboutz. Avoir participé à cette création est une expérience unique. Nous ne vivions pas seulement une vie agricole, nous partagions notre temps entre les exercices purement militaires — réservés essentiellement aux garçons —, tôt le matin ou tard le soir à cause de la chaleur, les travaux des champs, et les travaux d'entretien.

L'horizon alors était entièrement nu, avec de toutes petites taches vertes de loin en loin. Aujourd'hui, trente ans plus tard, lorsqu'on survole en avion le sud d'Israël, on voit, tout au long de la vallée de l'Arava, de grosses taches de verdure, des palmeraies, des piscines et toute une chaîne de villages agricoles. En regardant ce sol, confortablement installée près du hublot, il me semble que les taches me sourient et que les petites piscines me font un clin d'œil de connivence...

La Jeunesse pionnière avait pour but de créer des implantations. Le fait d'effectuer mon service dans le cadre d'une unité qui construit des paysages, alors qu'une armée est plutôt faite pour détruire, me réconfortait. Les pionniers qui avaient achevé leur service pouvaient, s'ils le souhaitaient, rester sur place en tant que civils. Il y avait dans cette expérience quelque chose qui s'apparentait à une genèse. Quand nous sommes arrivés, il n'y avait rien ; quand je suis partie, il y avait des maisons et des champs. La beauté du lieu s'en trouvait encore grandie à nos yeux. Grofite a ensuite suivi l'évolution de bien d'autres kibboutzim en Israël : aujourd'hui un de mes amis y dirige une école primaire et une amie y a monté un service d'équitation pour des enfants en difficulté. Faire fleurir le désert, c'est réellement beaucoup plus qu'un mythe : c'est même une des grandes réussites d'Israël.

Le rythme des journées suivait le cours du soleil ; pendant les heures de chaleur brûlante je réfléchissais et je lisais. J'ai passé dans l'Arava des heures à lire la Bible, des romans, et aussi l'une de mes premières lectures féministes, *La Chambre en forme de L* de Doris Lessing. On profitait comme nulle part ailleurs des heures nocturnes, moment de recueillement personnel où le vent doux de la nuit apporte avec lui ses parfums. Pendant les périodes de l'année où il faisait moins chaud, nous faisions beaucoup de promenades. À la moindre journée libre, je partais à pied dans les alentours de Grofite. Ce paysage, qui pourrait paraître monotone à première vue, se révèle extraordinaire quand on le découvre à pied. Le dépouillement même de la nature oblige à prêter attention aux détails. On y voit des animaux venir boire dans des trous de rocher. On distingue ces petites plantes qui ont développé toutes sortes de procédés pour garder l'eau : des cils, des plis, des poches, ou de tout petits cheveux qui conservent la rosée et empêchent l'évaporation. Les formes des montagnes et des rochers, que nous appelons les « sculptures de Dieu », forment autant de scènes pour des pièces qui n'ont pas encore été jouées. Il n'est pas étonnant que les moines venus en Terre sainte aient choisi le désert comme lieu de retraite.

Lorsque j'allais me promener, je passais par une base militaire, dirigée par des Druzes, qui se trouvait à une demi-heure de Grofite. Ces Druzes faisaient un café à la cardamome que je ne suis jamais parvenue à imiter. J'aimais parler avec eux et crâner avec mes petites connaissances en arabe littéraire, conservées depuis le lycée où nous avions appris cette langue, très différente de celle qu'ils parlaient entre eux. Mes connaissances scolaires se révélaient très insuffisantes ; elles me permettaient tout juste de « jouer à parler », mais pas d'entrer dans une véritable situation de communication. Les Druzes sont une secte dont la religion reste secrète. Ils sont dispersés entre plusieurs pays, Israël, Syrie, Liban, et ont pour règle d'être fidèles à l'État d'accueil, ce qui ne va pas sans poser de problèmes. À la différence des Arabes citoyens d'Israël, qui ne font pas de service militaire, les Druzes — les garçons du moins — ont choisi de servir à l'armée. J'ai mis de longues années à comprendre la beauté et la complexité de cette société minoritaire en Israël et à voir à quel point nos relations étaient asymétriques. Alors que je me sentais si maladroite en arabe, eux parlaient parfaitement l'hébreu. Chaque fois que nous partions en promenade, nous nous arrêtions pour prendre un café chez eux. Plus tard, après mon service militaire, j'ai été reçue dans le village d'un de ces jeunes Druzes, dont j'étais devenue amie, et je me suis rendu compte que je ne l'avais jamais accueilli chez moi.

Cet épisode militaire, au service de la nation, si paisible et si peu militaire finalement, je souhaiterais le voir donné comme modèle à tous les jeunes d'Israël et de la région.

7

DU PETIT ISRAËL AU GRAND PARIS

Au cours de mon service militaire, j'avais découvert non seulement la beauté du sud du pays, mais aussi de nouveaux paysages humains. Il me fallait élargir encore mon horizon. J'avais envie de voir l'Europe, ce continent que je ne connaissais que par la lecture. J'avais surtout la « nostalgie » de Paris, une ville où je n'étais jamais allée (très présente dans les œuvres d'artistes israéliens), et de la France, pays du raffinement intellectuel, que mon père citait dans ses récits de voyages comme l'alliée d'Israël.

En Israël, nous nous sentions assiégés : un petit pays, de 600 kilomètres de long et par endroits d'à peine 20 kilomètres de large, dont on ne pouvait pas sortir... Il y a, certes, une grande diversité de climats, de végétations et de paysages sur cette petite surface, mais aucune frontière n'était alors ouverte. Au nord, il y avait celle avec le Liban et la Syrie, encore fermée aujourd'hui ; au sud et à l'est, celles de l'Égypte et de la Jordanie, frontières désormais ouvertes. Cette notion d'ouverture est néanmoins relative. Lorsque le voyageur passe la frontière qui sépare la France de la Belgique, il s'agit pour lui d'un acte banal. Alors que chez nous, la notion de frontière ouverte demeure très sensible au climat politique : les voyageurs malchanceux risquent de rencontrer des complications propres au Moyen-Orient.

À force d'être enfermés dans ces frontières étroites, nous avions développé le sentiment d'être, en quelque sorte, le centre du monde, et justement, nous en arrivions à croire que tout monde était contre nous. L'essentiel de nos informations provenait des médias israéliens. Israël suscitait déjà, et ce dans le monde entier, un intérêt et une émotion considérables, sans commune mesure avec sa taille et sa population.

Mes parents regardaient grandir ma génération, élevée comme celle des « princes d'après guerre », en craignant de nous voir nous engager dans un avenir trop limité. Pour eux, mon voyage en Europe serait une ouverture à l'anglais et au français, et une bonne initiation aux cultures classique et européenne. J'ai donc entrepris ce voyage seule, avec mon sac à dos, ce qui à l'époque n'était pas courant pour une fille. J'avais plusieurs raisons de vouloir m'affirmer en tant qu'individu. Après la vie collective du service militaire, où chacun dépend du groupe, j'avais besoin de me retrouver seule. De nos jours, cette démarche est quasiment devenue le deuxième volet du rite de passage de l'adolescence à l'âge adulte. Le premier volet, celui du service militaire, est dur et imposé. Or, depuis les années 80, nos jeunes prennent du recul en parcourant l'Amérique du Sud ou l'Extrême-Orient. Cette pause peut durer entre un mois et plusieurs années.

Par ailleurs, dès que je disais mon nom, dans n'importe quelles circonstances, j'étais identifiée comme « la fille de... » ; je voulais goûter à l'anonymat. En Europe, le nom de Peres passait facilement pour un nom espagnol très banal et très courant. Je voulais aussi avoir la possibilité de réfléchir aux problèmes politiques et sociaux à titre purement personnel. Enfin, j'espérais, en prenant de la distance, percevoir Israël tel que « l'extérieur » le considérait.

Après la France, j'ai parcouru l'Italie, la Hollande, la Scandinavie jusqu'au cap Nord, et enfin l'Angleterre, où je suis restée quelques mois. Ce qui m'attirait, au sortir du désert, c'étaient les paysages bleus et verts, baignés d'eaux abondantes, comme les innombrables fjords que je comparais à la côte rectiligne formant la seule frontière ouverte d'Israël. Toutes ces rivières et tous ces lacs ne portaient même pas de nom sur les cartes, alors qu'en Israël chaque goutte d'eau se voyait attribuer un nom !... Notre petit Jourdain, si hautement glorifié, méritait-il encore le nom de fleuve ? Comment était-il possible qu'il y ait tant d'eau paisible et gratuite en Europe, alors qu'au Moyen-Orient l'eau, si chère, était une source de discorde, encore virulente ? J'ai cherché aussi en Europe la beauté du soleil, avec qui j'entretiens une relation particulière, proche de celle que j'ai avec Dieu. Se lever sans soleil, c'est comme si le Bon Dieu ne s'était pas levé et n'avait pas encore « ouvert la boutique ».

Entre la Norvège et la Suède, il n'y avait pas de barbelés,

ni de soldats ; c'était à peine si l'on s'apercevait qu'on changeait de pays : seule la disposition des boutiques marquait la frontière. Je ne savais pas encore que ces deux pays allaient occuper une place dans la résolution du conflit au Moyen-Orient, avec les accords d'Oslo.

Pour financer ce voyage — et garantir mon indépendance —, je travaillais dès que j'en avais la possibilité, et j'ai trouvé du travail partout où je suis allée. En Norvège, j'ai fait la cueillette des fruits dans une ferme (j'avais l'expérience de Grofite) ; en Suède, j'ai participé à l'installation d'une auberge (j'étais experte depuis mon enfance !). Un peu partout, surtout en Angleterre et en France, j'ai gardé des enfants et j'y ai gagné une solide réputation de baby-sitter...

Pour apprendre le français sérieusement, je me suis engagée comme fille au pair dans une famille française. La dame qui m'employait s'est étonnée un jour, en rentrant chez elle, de voir que je cirais le parquet en écoutant France Musique. « Quel beau travail ! [je ne savais pas jusque-là comment on cirait un parquet], mais je suis désolée de ne pas vous avoir montré comment on peut changer de fréquence. » Elle pensait qu'une fille au pair ne pouvait écouter volontairement de la musique classique. Elle a commencé à s'intéresser à moi quand elle a su que j'étais israélienne et que la musique classique était vraiment ce que je voulais écouter : « Racontez-moi votre service militaire ! Avez-vous fait la guerre ? Je vais vous préparer un café ! » J'ai déjà mentionné les effets pervers qu'il y a à assimiler la femme israélienne à la femme soldate, égale de l'homme à l'esprit guerrier. Je n'ai pas eu le courage

de décevoir ma patronne en lui racontant que la pacifiste que j'étais avait préféré la pioche et le crochet au
sabre et au fusil... Moins d'un an après mon arrivée en
France, je pratiquais assez bien la langue. J'ai obtenu
un diplôme de l'Alliance française me permettant
d'enseigner cette langue à l'étranger. Il me semble
aujourd'hui que, si j'aspirais à une telle connaissance
de la langue, c'était pour pouvoir monter dans un taxi
sans que le chauffeur me demande : « De quel pays
venez-vous ? » Dans le métro, je lisais le journal dont
je comprenais à peine les gros titres ; avec mon petit
sac à main chic, et pour tout dire bourgeois, j'allais au
théâtre, au poulailler de la Comédie-Française, écouter
un français précieux, qui n'était pas, pour moi, de l'hébreu... Bref, je faisais tout pour me fondre dans le
moule de la femme française. À l'époque où je fréquentais l'école de l'Alliance française, le général
Haïm Barlev y était élève en attendant sa nomination
de chef d'état-major de l'armée israélienne. Je ne
m'étais pas présentée à lui. Mes parents avaient décidé
de m'offrir, à l'occasion de mon anniversaire, un dictionnaire des synonymes français : mon père avait
choisi Barlev pour accomplir cette mission importante.
Il le lui fit savoir par l'ambassade. À son grand étonne-
ment, le général lui assura qu'il n'y avait pas d'Israélienne dans sa classe... Il a pris sa revanche en
m'invitant à une petite fête surprise où il m'a offert le
dictionnaire et un millefeuille, délicieux gâteau que
dans notre langue nous appelons un « napoléonien »,
et qui est depuis devenu ma petite madeleine...

En Angleterre, deux familles m'ont confié leurs enfants durant leurs congés, et j'ai transformé cette tâche en lectures et visites de musées. Quand les parents l'ont su, ils m'ont offert un supplément qui m'a permis de passer un mois dans des conditions un peu plus favorables. J'ai pu louer une chambre chez une dame de Cambridge, veuve d'un universitaire, et je me suis inscrite dans une école privée assez chère pour obtenir un diplôme d'anglais. Chez cette dame, nous étions six filles de nationalités différentes, dont une Libanaise et une Allemande. J'ai éprouvé un certain malaise à communiquer avec la jeune Allemande (entendre parler allemand suscitait en moi un écho douloureux), mais j'ai eu beaucoup de plaisir à dîner chaque soir à la même table que la jeune Libanaise, fine et douce, qui, je devais me le rappeler sans cesse, appartenait à un pays ennemi.

Le 5 juin 1967, en regardant la télévision, j'appris avec stupeur qu'une guerre venait d'éclater en Israël. Plus tard, nous l'avons appelée la « guerre des Six-Jours ». Au cours de cette guerre éclair, Israël a conquis de grands territoires, le plateau du Golan au nord, la Samarie, la Judée, et surtout la vieille ville de Jérusalem, avec le mur des Lamentations (« Kotel »), seul vestige qui nous reste du second Temple rasé par les Romains. Cette partie de Jérusalem avait été jusque-là un sujet de nostalgie dans les prières, les chansons et la littérature. Pendant le siège de 1948, lors de la guerre d'Indépendance, la population civile juive de la vieille ville avait été durement frappée et ses survivants chassés. Israël ne s'était jamais consolé d'avoir dû alors renoncer à cette partie de Jérusalem pour pouvoir signer le cessez-le-feu. Jérusalem est, jusqu'à aujourd'hui, la ville à laquelle je tiens le plus. Je l'aimais avant et je l'aime encore plus après avoir contemplé d'autres splendeurs.

À la télévision anglaise, les spécialistes de stratégie militaire, réunis autour d'une carte d'Israël pour expliquer la situation sur le terrain, déplaçaient de petits chars en plastique de la taille de minuscules jouets. Il y avait dans cette simulation quelque chose de profondément absurde. C'était comme un jeu d'enfant tout à fait dérisoire. J'étais à Londres alors que dans les chars se trouvaient mes amis, engagés avec moi mais qui devaient un an de service militaire de plus que les filles. Mon sentiment d'impuissance me désespérait. Je voulais rentrer immédiatement. Je ne pouvais plus rester passive devant la télévision. Nous avons en Israël une loi, non écrite, qui oblige tout citoyen à rentrer au pays dès que celui-ci est menacé. Mais à l'ambassade d'Israël, il y avait une telle foule que je n'ai pas pu obtenir de papiers. On donnait la priorité aux hommes et à ceux qui avaient une formation médicale. J'ai dû renoncer à rentrer immédiatement, ce qui, pour une Israélienne, est un manquement à notre loi.

J'ai compris à ce moment-là qu'on peut parler froidement de la guerre, sans mentionner les individus qui y sont piégés. La guerre peut même être un pur spectacle et les gens regarder les pires atrocités en continuant de boire leur café. Il existe des guerres plus ou moins photogéniques, mais aucune n'est belle.

8

RETOUR DANS UN PAYS CHANGÉ

Je suis rentrée en Israël en août, après les émotions de mai 68 : mon pays était beaucoup plus grand que celui que j'avais quitté ; il était profondément changé. Je devais passer les années suivantes à découvrir les nouveaux paysages qui nous étaient devenus enfin accessibles. Les conséquences de la guerre des Six-Jours, qui allait déboucher sur une période douloureuse, n'étaient encore visibles que sur la carte. Le pays d'Israël où j'avais grandi était un État de très petite surface, de forme bizarroïde, mais dont nous étions immensément fiers. Le nouvel Israël contenait des lieux nouveaux où nous n'y étions physiquement jamais allés, de nouvelles « frontières matérielles », comme le dit l'écrivain israélien Amos Oz ; mais ces terres constituaient de très anciens « territoires de mémoire ». Le Sinaï était le lieu où le peuple d'Israël avait reçu les Dix Commandements, peuple désormais uni par une même loi. Le nom même de Sinaï évoque la scène de l'octroi de la Torah et l'alliance entre Dieu et son peuple. Nous connaissions grâce au Livre chaque endroit du désert du Sinaï où les enfants d'Israël s'étaient arrêtés dans leur long parcours vers la sortie de l'Égypte, puisque chaque année, pendant le dîner familial de Pessah (Pâque), nous lisons la Haggadah, le récit de l'Exode. Raconter à ses enfants ce périple qui marque la naissance de notre peuple est un devoir pour les Juifs, où qu'ils soient. Car ce texte fondateur assure la transmission de notre culture aux enfants. Il en existe quantité de versions, souvent accompagnées d'illustrations, contrairement au texte de la Bible qui n'est jamais imagé dans la tradition juive. La traversée du désert du Sinaï par les Hébreux, qui a duré quarante ans selon le récit, symbolise la fin de l'esclavage. Connaissance et mythe s'y conjuguent.

Gaza serait la ville où Samson rencontra Dalila. Jéricho, l'une des deux plus anciennes villes du monde, et aussi celle qui se situe à la plus basse altitude (300 mètres au-dessous du niveau de la mer), est décrite en détail dans la Bible au moment où les Hébreux entrent en Terre promise. Josué a dû en faire sept fois le tour avant de la conquérir. Shilo et Beit El, deux villages fréquemment mentionnés dans le conflit régional, ont servi à tour de rôle de lieu d'accueil du sanctuaire, avant que le second Temple ne soit construit. La Bible les décrit d'une façon si vivante que chaque visite laisse l'empreinte d'un « déjà vu il y a trois mille ans »...

En somme, alors que ces territoires ne faisaient pas partie du pays d'Israël pour des raisons politiques, ils étaient présents dans la mémoire collective nourrie de lectures religieuses, orthodoxes ou laïques. La sensation de « retourner » aux lieux anciens était si puissante qu'on n'avait pas le sentiment d'avoir repris ces territoires de force. Il faut préciser que ce que les chrétiens appellent Ancien Testament, et que nous appelons la Bible, est chez nous un texte de référence quotidienne, et non, comme on pourrait le croire, seulement destiné aux religieux.

Je cherche à dépeindre ici l'émotion que beaucoup d'Israéliens ont ressentie en 1967 et ressentent encore de nos jours. Je voudrais faire comprendre la conception un peu naïve que nous avions de notre histoire. Cette émotion n'induit pas une position obligatoirement politique, tout au contraire. Le comprendre permet de mieux séparer les affects du rationnel et d'arriver à des postures plus justes, plus honnêtes et plus équilibrées. Car ce sentiment d'appartenance et d'appropriation a fait écran à l'écoute que nous aurions dû avoir à l'égard des Palestiniens dont nous avons sous-estimé le rapport qu'ils entretiennent avec ces lieux, et qui ont dès lors éprouvé pour nous une haine toujours plus forte.

Il me semble qu'en termes proprement juifs, nous avons commis un double « péché ». Le premier fut la vanité de nous croire maîtres de ces territoires. Le judaïsme s'oppose à l'appropriation privée de la terre. Par exemple, lorsqu'on achète un terrain ou une maison, on signe un contrat valable quarante-neuf ans (sept fois sept) et renouvelable au jubilé. La loi biblique impose une fois tous les sept ans une jachère (la *shmita*) au cours de laquelle le propriétaire doit « lâcher » sa terre, pour la laisser reposer, et renoncer au droit de propriété agricole. Même si cette loi n'est pas majoritairement respectée, elle occupe une grande place dans le discours public. S'accrocher aux lieux matériels est contraire à l'esprit du judaïsme, donc à notre héritage.

L'autre péché est d'avoir ignoré ceux qui travaillaient cette terre et qui en vivaient. Promise aux Hébreux, ce sont les Palestiniens qui la labouraient depuis des années. Le professeur de philosophie Yeshayahou Leibowitz, grand penseur et Juif orthodoxe, avait prévu les dégâts que l'occupation des territoires causerait à l'éthique d'Israël : « En pratiquant une politique d'annexion, en se permettant d'occuper des terres qui ne lui appartiennent pas, Israël va y perdre son âme. » Je prenais sa position sur les territoires comme une nouvelle provocation, certes intéressante, mais qui ne devait pas être prise au pied de la lettre. J'ai mis longtemps à me rendre compte à quel point il avait raison. Contrairement à beaucoup d'Israéliens, qui avaient des sentiments très ambivalents envers les Palestiniens, je les avais toujours considérés comme les partenaires potentiels d'un dialogue à venir. Mon optimisme était même augmenté par l'intérêt que j'ai toujours porté à la langue arabe. Ce qui m'intriguait par-dessus tout, c'était la grande ressemblance entre l'arabe et l'hébreu, et l'écart important de leur développement historique.

Si je pense aux années écoulées entre 1968 et 1973, il me semble que de nombreuses situations favorisaient alors les stéréotypes et les aggravaient. Bien des choses ont changé depuis. Des centres commerciaux ont été construits, s'organisant comme de vraies petites villes :

autrefois, les Juifs n'allaient chez les Arabes que pour faire des achats dans les souks où le marchandage encourageait les conduites stéréotypées. Une anecdote : je suis allée au souk de Jérusalem avec une amie pour acheter un petit tabouret ; le marchand, qui ne voulait pas baisser son prix, disait sur un ton plaintif : « J'ai dix enfants à la maison ; ils n'ont pas de quoi manger ; ils ont faim et moi je suis triste. » Émue par son discours, et sensible au cliché des familles arabes pauvres, mon amie avait payé sans discuter un prix que nous savions toutes deux très élevé. Nous n'avions pas fait trois pas que nous l'avons entendu éclater de rire et se moquer de nous. « Qu'est-ce qui vous fait rire ? » ai-je demandé : il m'a regardée sans sourciller. Il avait utilisé notre culture pour nous culpabiliser et avait délibérément ignoré nos règles de commerce pour son profit. À l'époque, on rencontrait rarement des Arabes dans les magasins de la nouvelle ville, même quand ils partageaient nos goûts et en avaient les moyens. Les endroits qui auraient pu favoriser les rencontres spontanées, comme les jardins publics, n'ont commencé à être fréquentés par les deux populations que dix ans plus tard.

J'enseignais l'hébreu à des adultes dans des cours du soir, dans une école au cœur du quartier arabe. J'y allais parfois à pied et parfois en bus, sans aucune appréhension : je trouvais tout à fait normal que les Arabes apprennent l'hébreu, et je regrettais que peu d'Israéliens fassent l'effort d'apprendre l'arabe. Ce n'est qu'au cours de ces dernières années que je me suis rendu compte de l'asymétrie totale qui existait alors, et de mon manque de sensibilité à cet égard.

Depuis mon retour en Israël fin 1968, ma vie se partageait entre mon travail et des études de psychologie à l'Université. J'avais de nouveau trouvé un poste d'enseignante, dans un lycée français de Jérusalem où j'enseignais l'hébreu aux internes. Dans la société israélienne des années 70, les préjugés à l'encontre des Juifs d'origine nord-africaine étaient très forts. Ils passaient pour être des gens peu éduqués, de nature très impulsive, souvent étrangers à la civilisation occidentale. En France, j'avais connu des Juifs du Maroc et de la Tunisie qui ne correspondaient pas du tout à ces stéréotypes : c'étaient des universitaires aisés et qui savaient combiner le confort occidental avec la chaleur dite « orientale ». De retour en Israël, et surtout dans le cadre de l'école, je me suis fait des amis qui, eux non plus, ne répondaient pas aux stéréotypes courants. Avec eux, je me suis engagée dans un mouvement pour encourager la réussite scolaire des enfants d'origine nord-africaine. La langue française que nous avions en commun m'a permis une ouverture vers cette communauté qu'autrement je n'aurais peut-être pas fréquentée. En tant qu'Israélienne née dans le pays, élevée dans un milieu favorisé, j'éprouvais le besoin urgent de ne pas permettre que des enfants souffrent des préjugés qui avaient déjà pesé si lourdement sur leurs parents.

Parallèlement à mon travail au lycée, j'ai commencé à enseigner l'hébreu à l'Université, mais cette fois à des étudiants dont la majorité étaient américains. Mon cours préféré s'appelait « Aimer Jérusalem ». Je donnais à lire des textes sur les différentes périodes de Jérusalem, et j'emmenais mes élèves en visite aux endroits cités. J'étais liée à chaque ruelle et à chaque pierre de cette ville. Au cours de ces promenades, nous écoutions des histoires et anecdotes racontées par mes amis (arabes, chrétiens, musulmans et arméniens) qui nous recevaient souvent chez eux.

Jérusalem, ville magique et féerique, chantée à toutes les époques par les poètes et les écrivains, est jusqu'à aujourd'hui au cœur du conflit israélo-arabe, son charme est mêlé aux malentendus politiques. Il est impossible de surestimer la place que Jérusalem occupe dans les écrits comme dans les pratiques des Juifs. Jérusalem a soixante-dix noms, Jérusalem est la Ville dorée. Dans le nom de Jérusalem, Salem dit « la totalité intouchable ». Sion, qui a donné son nom au sionisme, est un synonyme de Jérusalem. On pourrait concevoir Jérusalem sans la terre de Sion, mais on ne peut pas imaginer la terre de Sion sans Jérusalem. La tradition juive décrit Jérusalem comme le nombril du monde et la pupille de l'œil humain.

Le très long passé juif de cette ville contraste avec le petit nombre d'années au cours desquelles elle a été sous le régime jordanien. Pendant la période où la ville était divisée, quand la partie ancienne appartenait à la Jordanie, les Juifs n'y voyaient pas une rupture. La Jordanie avait sa propre capitale, Amman, et les Palestiniens, pourtant majoritaires, n'avaient pas exigé que Jérusalem devienne leur capitale. Là encore cependant, quelle que soit ma passion pour cette ville, elle ne se traduira pas en termes belliqueux. Elle m'engage tout au contraire à respecter son image de « cité de paix », comme l'indique une des nombreuses interprétations de son nom. Je persiste à croire et espérer que ceux qui aiment cette ville pourront y trouver leur place.

Les prédictions inquiétantes de Leibowitz n'avaient pas encore de réalité pour moi, même si notre vie quotidienne recelait déjà beaucoup d'indices. Je ne les voyais pas. Je marchais souvent à pied dans le pays, mais je ne me souviens pas avoir fait le lien, alors, entre la guerre et les changements survenus aux alentours de Jérusalem. Les paysages bibliques retrouvés me semblaient paisibles, et la population occupait peu de place dans mon esprit. En revanche, le prix de la guerre était visible dans tous les sites commémoratifs aménagés après la guerre des Six-Jours où, avec une douleur toujours plus aiguë, je retrouvais les noms de mes amis. Les disparus étaient présents dans toutes nos conversations.

Je n'aurais pas choisi d'aller vivre en Cisjordanie ; et, même en désaccord avec les objectifs de ceux qui l'ont fait, j'avais du respect pour leur action. À cette époque, aussi bien qu'aujourd'hui, je m'efforçais de séparer mes positions politiques de mes rapports personnels. Je refuse d'épouser les causes des gens si elles mènent à la rupture plutôt qu'à l'écoute. Or, pour le dire toujours au présent, les colons commettent des actes d'appropriation violente, sans tenir compte de la population arabe déjà installée. Et il serait difficile de dire que ces installations en Cisjordanie se construi-

100

sent dans le respect de l'environnement : les maisons se ressemblent toutes, entourées de fils barbelés ; elles n'épousent pas les contours des collines et donnent l'impression de violer la terre plutôt que de la célébrer. Étrangères au paysage, elles les aliènent.

Je cherchais à maintenir un équilibre improbable entre la désapprobation et le respect, réflexion difficile pour la fille d'un dirigeant du pays : j'avais le sentiment d'avoir « la tête à gauche » et « le cœur à droite ». Il me fallait de l'énergie et une grande retenue.

Au cours de mes années d'études à Jérusalem, je me suis fait une joie de déjeuner une fois par semaine avec mon père, toujours dans un petit restaurant marocain. On y servait le hummous (pois chiches), préparé d'une façon qui préservait son goût naturel. Ces rendez-vous étaient l'occasion de déguster le plaisir de la conversation. Alors, je pouvais poser à mon père toutes les questions que je n'avais jamais osé poser à personne. Nous parlions surtout de nos lectures. Mon père a cette qualité du lecteur avide : il retient des formules précises qu'il cite toujours à bon escient. Il fait des personnages qu'il aime ses amis les plus proches. Je n'ai jamais pu lire autant que lui ni placer les citations de façon aussi appropriée, mais il m'a introduite dans un monde qui est devenu pour moi un refuge et un lieu de plaisirs inépuisable. Le goût de la lecture est peut-être le meilleur cadeau qu'il m'ait jamais fait, car il s'est combiné avec la capacité à écouter, trésor que m'a transmis ma mère.

Israël avait beaucoup changé entre mon départ, en 1967, et mon retour, en 1968 ; de mon côté, j'avais commencé à comprendre quelle perception on pouvait en avoir à l'extérieur. Je me souviens, par exemple, de l'embargo sur les armes imposé par la France en 1969. Ce fut un choc pour mon père. Lui, qu'on appelait en Israël « l'architecte des relations franco-israéliennes », voyait en la France une alliée idéale parce qu'elle représentait l'ouverture sur l'Europe ; elle permettait d'équilibrer l'influence exercée par l'Amérique sur Israël. Il l'appréciait aussi parce que la France avait aidé Israël en mettant à sa disposition une partie de son savoir-faire en matière d'armements. Déjà, en 1956, l'Angleterre et la France avaient tenu à assurer le libre passage du canal de Suez et, au cours des années 60, la France avait aidé Israël à construire les premiers avions. Depuis le début du siècle, beaucoup d'artistes israéliens avaient séjourné en France, et des mécènes français d'origine juive avaient contribué à la construction des infrastructures économiques et culturelles de notre pays : la première école agricole ainsi que le premier jardin d'enfants avaient été fondés par la famille Rothschild. Il aurait été très dommage de rompre ce lien privilégié et ces relations régulières. J'ai vécu l'embargo comme un abandon. Depuis mon retour de France, j'avais l'impression d'être en quelque sorte une représentante de la culture française, et ce d'autant plus que j'avais commencé un stage de professeur de français. Le cursus universitaire, au moment où j'ai entrepris mes études à l'université hébraïque de Jérusalem, impliquait obligatoirement l'inscription dans deux filières. Aussi, à mes études de psychologie avais-je joint une formation pédagogique pour obtenir un diplôme d'enseignement secondaire. J'ai fait mon stage dans un lycée chic d'Israël, et pour obliger mes élèves à pratiquer leur français, je m'abstenais de leur parler en hébreu. Chaque fois que je devais leur expliquer une règle de grammaire, ou d'usage, j'hésitais quant à la formule à adopter : « En français, on écrit... », ou « Chez nous on dit... » Je voyais avec inquiétude le moment venir où j'aurais à leur expliquer que « nos ancêtres les Gaulois vivaient loin et ailleurs... ». La grande francophile que j'étais, la francophone en voie de développement, s'est avérée petite Israélienne attachée à son petit pays et à la manière locale de parler.

J'avais rencontré en France une Israélienne de mon âge, élevée dans une famille communiste. C'était, me semble-t-il, la première fois que je fréquentais quelqu'un de cette « marge politique ». Cette amie tenait un discours qui me sidérait littéralement : elle accusait Israël d'être un pays raciste. Elle se disait de même prête à épouser l'homme qui lui plairait sans tenir compte de sa religion et de son pays d'origine. Pour moi, ses propos étaient une remise en question de la raison d'être d'Israël et de sa justification morale. L'État d'Israël a quelque chose d'unique au monde : non seulement c'est un pays qui a pour support symbolique un livre et qui se définit par une religion, mais il est aussi le seul où les Juifs sont légitimes et majoritaires : leur citoyenneté va de soi aux yeux de l'État. Cinquante ans après la Shoah, cette singularité soulève encore orages et espérances. J'avais toujours considéré comme une évidence le fait que les Juifs soient majoritaires et prioritaires dans le pays. Mon séjour à Paris m'a fait comprendre ce que c'est qu'être minoritaire, ne serait-ce qu'en se référant au calendrier des fêtes juives. J'en étais pleinement consciente lors de mon premier et unique Kippour à Paris : en rentrant de la synagogue, après vingt-quatre heures de jeûne, des deux côtés de la rue les vitrines des traiteurs, joliment présentées pour tenter et séduire les passants, offraient tout ce qui nous est interdit ce jour-là.

La religion juive se caractérise par sa façon particulière de donner une architecture au temps, en distinguant avec précision le temps sacré du temps profane. La vie en Israël se déroule sur un double rythme. Tout ce qui est administration dépend du calendrier grégorien, et tout ce qui est fêtes, traditions et pratiques scolaires, dépend du calendrier hébraïque. La semaine de travail en Israël est de six jours, le septième étant le jour du Shabbat, jour de repos obligatoire. Le commerce s'arrête, le trafic public aussi. Ce rythme, imposé à tout le monde, donne un cachet spécial à la vie. Il provoque aussi un certain trouble intellectuel ou, comme aurait dit Pessoa, une certaine « intranquillité ». On le sent davantage lorsqu'on a vécu ailleurs. Aujourd'hui, le jour du Shabbat est un sujet de conflit entre laïcs et religieux, il n'en reste pas moins que c'est un événement d'assister à ce glissement des jours de semaine vers le Shabbat. À Jérusalem surtout, ce phénomène relève du spirituel. Le jour de Yom Kippour, jour du Grand Pardon, marque une fois dans l'année un arrêt total et absolu, qui a lieu dans le calendrier juif le dixième jour de la nouvelle année. Là, selon la tradition, est décidé le destin de chacun : les dix premiers jours qui précèdent laisseraient encore la possibilité de « changer son destin ». Il est vécu en Israël comme nulle part dans le monde. Tout est fermé : pas de radio, pas de circulation, pas de communication, aucune activité commerciale, aucune manifestation extérieure ; les gens circulent à pied, les religieux sont vêtus de blanc et les laïcs sont souvent en tenue de sport. La traduction française semble situer la fête du point de vue d'un pardon octroyé par Dieu, alors qu'en hébreu Kippour l'oriente surtout du côté de l'homme et de son rapport à lui-même. Ce n'est ni une purification ni un deuil ; ce n'est pas non plus qu'on achète un pardon : on annule les engagements pris dans l'année écoulée, pour en prendre de nouveaux. C'est une réflexion sur la modestie et la place de l'homme dans l'univers. Aussi, la musique, les prières et les textes laïcs rattachés à ce jour sont-ils parmi les plus beaux de la tradition hébraïque.

Le Yom Kippour de l'année 1973 a pris une signification particulière. Pour la première fois depuis la création de l'État, la règle de l'arrêt total des activités a été brisée. Mais au-delà de cette rupture dans la pratique, ce jour est devenu une date dans notre histoire. Il a fait basculer toute une génération : la mienne.

9

LES GUERRES, LE RÊVE BRISÉ

En 1973, Yom Kippour tomba un samedi, ce qui redoubla le caractère exceptionnel de cette journée. Je m'étais mariée dix jours auparavant, à la veille de Roch Hachanah, le nouvel an juif, un mardi, jour considéré comme bénéfique dans la tradition juive. Pour ne pas prendre la voiture ce jour de fête, mon mari et moi avions décidé de nous rendre chez ses parents qui habitaient tout près de la synagogue où nous devions nous rendre le lendemain. Le samedi matin, je restai surprise puis tétanisée d'angoisse en entendant des bruits de moteur dans une rue voisine. Le quartier général de l'armée d'Israël se trouvait à un quart d'heure de marche. Des voitures militaires, des voitures particulières et des camions commençaient à parcourir les rues : pour que des militaires prennent leurs voitures un jour de Kippour, chose absolument impensable d'ordinaire, il fallait que le ciel nous soit tombé sur la tête. La rupture du silence, ce jour-là, annonçait une catastrophe.

Mon père, que je ne pus joindre au téléphone qu'un peu plus tard, lorsque j'osai enfin passer un coup de fil (jamais je n'avais téléphoné à mes parents un jour de Kippour), me le confirma : « Nous avons été attaqués. » Un petit silence : « Oui, c'est grave. » J'ai encore du mal à évoquer tout ce qui suivit. À chaque alarme, c'était toujours le même déroulement : les hommes étaient mobilisés, mais ignoraient où ils devaient se rendre et quand ils rentreraient. Les femmes restaient à attendre. Les postes de radio s'allumaient, les télévisions aussi. Les médias commençaient à nous bombarder de bribes d'informations qui n'arrivaient pas à former un ensemble cohérent. Plus question de voyage de noces. L'homme que je venais tout juste d'épouser partit rejoindre son poste de médecin militaire. Je rentrai seule dans l'appartement que nous avions à peine commencé à partager ; je ne connaissais pas encore mes voisins, je ne savais même pas où on vidait les poubelles. Raphi n'est revenu que six mois plus tard. Lune de miel différée, mal vécue certes, et pourtant je me savais privilégiée : d'autres n'ont jamais revu celui qui était parti.

L'ensemble de ma génération a été élevé dans une insouciance qui contrastait avec l'insécurité dans laquelle vivait Israël. L'État pouvait être en danger, mais nous étions en sécurité, protégés par une armée puissante et par les idées que nous avaient transmises les pionniers. Leurs valeurs nous garantissaient qu'une nouvelle page de l'histoire du peuple juif avait été tournée. Avoir un État doté d'une souveraineté politique devait assurer la vie du peuple en Israël et dans le monde entier. J'ai grandi avec la certitude que je pouvais tout entreprendre à condition d'y mettre l'énergie nécessaire. Chez nous, disait-on, « rien ne résiste à la volonté ».

Les gens qui avaient comme moi l'âge de l'État d'Israël pensaient que nous avions mené à bien deux projets : la terre et la langue. Pour la terre, cependant, la réussite s'est avérée moins évidente : elle nous attendait depuis la promesse faite dans la première lecture de la Bible. La nostalgie de Sion était nourrie par un texte devenu universel. Ce discours peut sembler messianique, mais il correspond, selon ma propre expérience, à une réalité vécue : cette terre, considérée au départ comme un refuge, fut capable de fournir des richesses — quand bien même il a fallu l'invention de la science et de la technique pour parvenir à un certain confort. En fournissant du travail aux paysans arabes, nous avions l'impression de faire quelque chose de bien : la prise de conscience que nous les exploitions ne devait hélas venir que plus tard.

Notre triomphe illusoire a donc pris fin lors de cette guerre de Yom Kippour : ce n'était plus une guerre isolée, mais le chaînon d'une série de guerres déclenchées à des rythmes de plus en plus rapides. Comme si l'Histoire nous entraînait dans une spirale. Nous avions l'impression de ne plus maîtriser la situation ni notre destin. Allions-nous subir une guerre tous les sept ans ? Le chiffre magique de 7, qui symbolise la paix et le repos dans la cité, allait-il se retourner contre nous ?

Je rappelle pour mémoire les guerres endurées. 1948 : la guerre d'Indépendance, pour la création d'Israël : 6 000 morts[1]. 1956, la campagne de Suez, entreprise internationale dans laquelle Israël n'était pas seul. 1967, une guerre éclair, sur plusieurs fronts : 1 800 morts. Tout aurait dû basculer à ce moment-là : la victoire nous a plongés dans une euphorie aveuglante, au point de nous faire croire que les territoires avaient été « retrouvés », alors que nous les avions conquis par la force. 1973 : 2 650 morts. Tout le monde était touché : le danger avait été sous-estimé, alors qu'Israël était depuis longtemps menacé. En parlant de cette guerre, nous disions, même si cela était un peu simpliste : « Les Arabes ont presque gagné une guerre ; l'honneur leur a été rendu ; ils ont montré qu'Israël n'était pas tout-puissant. » Le moment était peut-être venu pour les deux parties de se trouver dans une situation symétrique qui permette des négociations, mais elles ont encore tardé.

La guerre de Kippour fut déclenchée par l'Égypte et par la Syrie, qui voulaient l'une récupérer le Sinaï, et l'autre le plateau du Golan, territoires conquis lors de la guerre des Six-Jours. Pour les civils, cette guerre était un choc inattendu, mais on apprit plus tard que Golda Meïr, alors Premier ministre, avait reçu des indices alarmants qu'elle avait choisis d'ignorer, ce qui avait empêché l'armée de s'y préparer. Elle finit par démissionner, et ce geste marqua le début d'un déca-

---

1. Soit 1 % de la population.

lage et entraîna une remise en cause de l'armée par le peuple, alors que les actions militaires étaient jusque-là rarement critiquées. Ce fossé marquait une différence entre l'Histoire éprouvée par la population civile et l'Histoire vécue par les hommes politiques. Golda Meïr a souvent été accusée d'un manque d'écoute : je crois que sa détermination l'a effectivement rendue sourde. Elle se montrait paternaliste à l'égard des Panthères noires, groupe de militants essentiellement composé de Juifs orientaux. Elle s'est montrée tout aussi méprisante envers les Palestiniens dont elle niait l'existence en tant que peuple. C'est dommage, car nous aurions pu parvenir à une cohabitation, si chacun avait su être attentif à l'autre.

La guerre dura dix-huit jours et atteignit une intensité dramatique. Israël mit longtemps à obtenir un cessez-le-feu, ce qui fut fait notamment grâce à l'aide des Américains qui surent ouvrir alors un pont aérien. Il était clair que cette guerre ne concernait pas seulement le Moyen-Orient, mais qu'elle avait pris une ampleur internationale et mettait en avant des enjeux politiques forts entre Israël et l'Union soviétique. Les pays arabes producteurs de pétrole commencèrent un chantage et triplèrent le prix du baril de brut. Pris par surprise, attaqué en même temps au nord et au sud, Israël a fini par repousser ses ennemis grâce à une ténacité et un héroïsme difficiles à comprendre. Comment décrire la mort qui rôde autour de ceux que vous aimez, les jours où les nouvelles sont trop rares, où l'existence même d'Israël est pour la première fois confrontée à une grave menace ? J'avais quitté Jérusalem et m'étais installée à Tel-Aviv pour inaugurer ma nouvelle vie ; je devais commencer à enseigner, mais je m'étais portée volontaire à l'hôpital où travaillait Raphi en temps de paix pour m'occuper des blessés, et particulièrement des grands brûlés. Parmi eux, l'ami d'un de mes frères, qui continue aujourd'hui de m'appeler « ma sœur », à qui il a fallu plus de trente opérations pour corriger partiellement des dégâts causés en une seconde. On n'a jamais pu lui rendre son œil ni sa jambe, mais l'atrocité de ses blessures ne lui a enlevé ni la joie de vivre ni l'amour pour autrui. Le jour je travaillais et je mobilisais tout mon courage pour affronter la détresse physique et morale des blessés et de leurs familles. Mais j'éprouvais une très grande difficulté à vivre l'attente, où l'impatience cédait la place aux pires cauchemars et à un sentiment d'impuissance aigu. C'est aux environs de la troisième semaine que les rumeurs les plus désespérantes ont commencé à se répandre. La société israélienne est toute petite, constituée de réseaux et de cercles qui s'entrecroisent : ces bruits concernaient des gens que l'on connaissait, même s'ils n'étaient pas proches, et alimentaient un effroi toujours plus indicible. Il n'y avait pas de télévision au front, pas de CNN. Nous vivions dans une sorte de brouillard. Les horreurs imaginées dans cette absence d'informations étaient peut-être plus fortes et plus vives que les images aujourd'hui diffusées sous le coup de l'émotion.

Les soldats de cette guerre de 1973 avaient pour parents d'anciens soldats de la guerre d'Indépendance de 1948, qui étaient eux-mêmes souvent venus en

Israël après la Shoah pour recommencer une nouvelle vie ; ils étaient de nouveau touchés à travers leurs enfants. Dans certaines familles, trois générations successives avaient rencontré la mort : ce qui devait être un lieu de refuge devenait un pays dangereux. La question de la survie n'était toujours pas réglée alors qu'elle semblait l'être après la guerre des Six-Jours, lorsqu'on s'imaginait qu'il ne restait plus qu'à définir les conditions de la paix. La guerre de Kippour signifiait qu'il fallait repartir à zéro. Il était clair que la région n'était pas encore prête à déposer définitivement les armes et à renoncer à la guerre. Je vivais écartelée entre des projets d'avenir et des menaces invisibles mais perpétuelles. Quand la guerre rythme ainsi l'existence, la mort devient votre intime compagne. Il y a des pertes qui vous touchent de si près, dans votre chair et dans votre mémoire, qu'il vous semble impossible de pouvoir un jour en accomplir le deuil.

Trois de mes amis les plus proches sont tombés à la guerre de Yom Kippour. Le premier des trois, Yaki, était comme moi originaire du kibboutz d'Aloumot. Sa mère avait été couronnée reine de beauté de la vallée du Jourdain, et nous partagions les mêmes paysages d'enfance, ceux de la Basse-Galilée et de Tibériade. Nous y revenions ensemble, avec deux autres amis, au cours de multiples marches à pied, souvent le long du Wadi Amoud, qui va de Safed, la ville des kabbalistes, jusqu'au lac de Tibériade, lieu de loisirs et de sports. En Yaki s'alliaient une beauté peu commune et une très grande sensibilité. Je ne sais pas ce qui me fascinait

le plus, sa peau brune, ses yeux et cheveux noirs, ou
la beauté de son esprit. C'était un garçon extrêmement doué et presque gêné par sa beauté. Nous étions
de véritables amis. Il s'est marié au mois de septembre
1973, avant de partir aux États-Unis pour y faire son
doctorat en chimie. Lorsque la guerre a éclaté, il est
revenu de sa propre initiative. Il est tombé le jour de
mon anniversaire. Mon second compagnon de marche
au Wadi Amoud s'appelait Moïshé Vaks. Nous l'appelions Taksi. Il y avait entre nous un amour d'enfance
si sincère qu'il a su se transformer en amitié après son
mariage. Le jour du Shabbat de Yom Kippour, Taksi
assistait à la circoncision de son fils lorsqu'on annonça
à la synagogue que les Syriens attaquaient au nord. Il
est parti vers le plateau du Golan, qu'il connaissait
bien du temps de son service militaire, et il n'en est
pas revenu. Youval, le troisième, je l'avais rencontré à
vingt et un ans. Il était soldat de carrière et l'ironie du
sort a voulu qu'il fût le commandant de Taksi. Son
uniforme tranchait avec son visage d'enfant aux yeux
très clairs. Nous partagions l'amour des paysages d'Israël que nous avions découverts en voyageant, au cours
de trois années passées ensemble. Il a été tué au sud,
vingt-cinq minutes avant le cessez-le-feu.

Mes trois amis les plus proches, mes meilleurs souvenirs d'enfance et les meilleurs acquis de ma vie de
jeune femme ont disparu en trois semaines, à quelques
jours d'intervalle. Pleurer quelqu'un ne se faisait pas à
l'époque en Israël. J'avais vingt-sept ans et c'étaient les
premières larmes que je versais en public ; d'autres ont
suivi, plus secrètes, à chaque fête de Yom Kippour,

aussi inutiles à faire taire la souffrance. Les gens croient que la douleur s'affaiblit en s'éloignant, mais ce n'est pas vrai. Je suis, à présent, deux fois plus âgée, et il ne se passe pas de semaine sans que je n'évoque mes disparus. À l'époque de la guerre de Yom Kippour, je n'étais pas encore mère mais j'avais déjà connu une douleur « invivable », une douleur faite de peur, d'angoisse et de révolte. Il n'est pas normal d'avoir comme repères dans son existence un répertoire aussi important de cruelles dates commémoratives.

La tradition juive dit que des dix épreuves auxquelles a été soumise la foi d'Abraham, le sacrifice d'Isaac a été le plus dur. Il me semble que Dieu m'a infligé la même épreuve qu'à Abraham. Pourquoi ? En Israël, tout ce qui relève de la mort en mission est tabou : on ne parle pas de la peur de la mort, on ne parle pas du sacrifice que font les parents de leurs enfants. La perte d'un enfant détruit tous ceux qui l'entourent : l'absent devient une présence lourde, comme un nuage fixe devant le soleil, qui ne bouge pas malgré les saisons. On refuse d'évoquer ou de nommer la mort, mais on la glorifie dans les cérémonies commémoratives. Lorsque j'ai compris le pouvoir des mots et le pouvoir du dire, j'ai compris que la langue était un des seuls moyens qui restaient aux survivants pour ne pas succomber à la douleur, la seule manière de perpétuer la présence des disparus. Alors que dans le récit biblique, la voix de Sarah, mère d'Isaac, est totalement absente lors du sacrifice, les femmes d'Israël aujourd'hui ne se taisent plus. Pour retrouver la voix occultée de Sarah, je me suis promis de prêter attention aux voix qui donnent naissance à l'espoir. Parmi elles, deux groupes ont acquis chez nous une renommée sans égale : les Femmes en noir, qui protestent silencieusement contre l'occupation des territoires palestiniens, chaque vendredi depuis la première Intifada, et les Quatre Mères, dont l'influence a contribué au retrait des troupes israéliennes du Liban.

Au printemps 1982, éclata la guerre du Liban : Ariel Sharon envisage de « faire la paix » en se lançant dans une « petite guerre ». Aussi ironique que cela paraisse, cette guerre s'appelait « Paix en Galilée » (après tout, la France avait bien appelé « Pacification » les opérations de guerre en Algérie...). L'idée qu'il fallait taper fort pour obtenir la paix était déjà contestée par la moitié des Israéliens, mais il aurait fallu une grande majorité pour forcer le pouvoir à y renoncer. Notre seconde fille venait de naître, et son père était au front. Je décidai de partir avec elle et avec ma fille aînée passer quelque temps à Jérusalem, dans le premier quartier juif, Yemin Moshé, construit en dehors des murailles de la ville. J'allais l'après-midi avec mes filles au jardin public, où on ne rencontrait que des femmes ; les hommes étant mobilisés. Alors que les enfants jouaient, nous poursuivions des conversations souvent dérisoires. Nous étions des « veuves en puissance », préoccupées par de menues affaires quotidiennes, alors que nos maris vivaient un danger constant. Nous passions de nouveau des journées interminables, où l'angoisse était telle que je ne pouvais allaiter ma fille avant d'avoir reçu des nouvelles de mon mari. Neuf ans après la guerre de Yom Kippour, les informations circulaient désormais plus librement et plus rapidement. Quel sentiment d'absurdité à la réception des cartes de vœux pour la naissance de notre fille : « Bon courage pour votre contribution à la croissance du peuple sur sa terre »...

Si la guerre de Yom Kippour nous avait réveillés brutalement, celle du Liban nous a imposé une nouvelle secousse. Elle a déclenché en Israël une crise de confiance à l'égard de nos dirigeants. Un terrible doute sur la légitimité des moyens employés pour la défense du pays commença à planer. Pour la première fois, à ma connaissance, le gouvernement israélien livrait sciemment de fausses informations. C'était un gouvernement de droite, avec Ariel Sharon comme ministre de la Défense : il avait orchestré une mascarade insensée afin de maintenir dans le brouillard la population civile. Pour certains, le général Sharon cachait à Begin, le Premier ministre, la nature exacte des attaques de l'armée. Il avait annoncé à la Knesset qu'Israël allait faire une percée de quarante kilomètres au Liban pour mettre fin aux attaques de guérilla et aux lancements de roquettes contre la population civile du nord du pays, notamment à Kiriat Schemona où je travaillais alors. Cependant, comme nous l'avons appris plus tard, l'armée de défense Tsahal, a mené des opérations qui ont dépassé ces limites fixées à l'intérieur du territoire libanais. Nos soldats, qui se trouvaient sur le front, entendaient à la radio des informations en complet décalage avec ce qu'ils vivaient. Les premiers revenus ont dénoncé ces mensonges. Les nouvelles que Raphi me donnait au téléphone, peu détaillées et censurées, étaient en contradiction avec ce qu'on disait à la télévision. Il est d'usage durant une guerre que le ministre de la Défense ne livre pas d'informations précises, mais il s'agissait là d'un débordement délibéré du politique sur le militaire, qui n'avait jusqu'alors jamais entaché la tradition démocratique d'Israël.

Raphi dirigeait un hôpital de campagne situé non loin de l'aéroport de Beyrouth. Il soignait et opérait les blessés près du lieu des combats, ce qui était une nouveauté. L'hôpital se rapprochait des blessés, mais la guerre se rapprochait aussi des populations. C'était une escalade vers la monstruosité. Pour la première fois dans l'histoire du conflit israélo-arabe, nous avons vu une guerre se propager au cœur des villes où vivait une population civile très dense. Ma génération n'avait jamais connu jusqu'alors cette collusion entre la guerre et la vie civile. Raphi est revenu bouleversé, choqué par le côtoiement quotidien de la mort, mais par-dessus tout par le sentiment que cette guerre n'était pas d'une nécessité absolue. Nous vivions dans une ambiance de mort et de mystification que nous n'avions pas connue auparavant. La guerre du Liban nous montrait un Israël qui agissait ouvertement comme un agresseur occupant un territoire habité par une population civile. C'était pour nous intolérable. Paradoxalement, cette guerre allait nous permettre d'affirmer plus radicalement nos positions. Le fracas des armes nous empêchait de continuer à nous taire et nous poussait à l'action. Moi qui suis une pacifiste convaincue, je n'avais jamais eu le courage d'aller jusqu'au bout et de prendre une position catégorique, parce que je m'étais faite à l'idée que je ne disposais pas d'une voix indépendante et que toute intervention sur la scène publique serait toujours confondue avec celle de mon père. Ces années ont marqué un tournant décisif : nous avons commencé à nous interroger sur l'histoire d'Israël en adoptant un point de vue plus critique. Nous comprenions enfin que la guerre risquait de « faire sortir la bête cachée en chacun de nous », ce qui valait aussi bien pour nous que pour nos ennemis.

Même loin du front, les situations de guerre peuvent libérer les pulsions les plus violentes. Malheureusement, cette violence, que certains jugent comme le seul moyen efficace à la résolution des conflits, s'est retournée contre nous en novembre 1995, lorsque Rabin alors Premier ministre, déterminé à poursuivre la paix, a été assassiné par un Juif religieux, né et élevé en Israël. On aurait pu espérer que tant de guerres et de souffrances conduisent à une véritable écoute et à un désir de paix. Notre fille Noa est née lorsque l'armée israélienne a fait sa percée sous le gouvernement de Begin. Notre fils Assaf est né en 1984 : la même année, mon père est devenu Premier ministre, a fait sortir Tsahal de cette terre de souffrances et l'a ramenée à la maison.

L'État d'Israël est un étrange point de convergence où se rencontrent les utopistes : les fondateurs d'Israël, qui croyaient à la possibilité de créer une société égalitaire et solidaire ; les persécutés et survivants de la Shoah, qui ont eu le courage de recommencer leur vie ; des gens dispersés, venus du monde entier, désormais réunis. Au moment de la création de l'État, il y avait sur cette terre des Palestiniens qui vivaient de façon plus ou moins organisée, sans former d'entité étatique. Ces deux groupes ont longtemps coexisté dans un même espace en s'ignorant. Il a fallu les guerres pour qu'ils prennent véritablement conscience l'un de l'autre ; et les guerres pour la possession des territoires apparaissent comme le résultat d'une totale indifférence à l'autre, plus d'ailleurs en raison d'une ignorance constante que d'un conflit insoluble.

Je crois en effet que si ces deux peuples n'ont pu s'unir, ce n'est pas en raison de leurs différences, mais parce qu'ils s'ignoraient totalement. Les Israéliens ont compris, bien tardivement et dans la douleur, qu'en face d'eux s'était formée une entité palestinienne à laquelle ils ne pouvaient pas refuser un statut égal et une reconnaissance légale — beaucoup trop occupés qu'ils étaient par leur propre douleur, celle de la Shoah, et par une conception romantique du sionisme. Les Palestiniens, eux, ont mis longtemps à créer une force politique et à mobiliser l'opinion publique : c'est notamment pour cela qu'ils sont devenus une « monnaie d'échange » pour les autres pays arabes. En fait, sur la même terre sont nées deux histoires contradictoires et mal connues. Par conséquent, une paix doit s'y installer, non pas par faiblesse et non pas parce que nous avons connu trop de guerres, mais parce que les deux parties ont déjà compris qu'il n'y a pas moyen de gagner une guerre. On ne gagne que par la paix.

Je reste intimement convaincue qu'Israël a le droit d'exister sur ces terres : ce sont des lieux qu'Israël s'est appropriés parce qu'il n'en avait jamais perdu la mémoire, y compris dans la Diaspora et au cours de la Shoah. La terre d'Israël comprend des lieux qui ont été préservés de l'oubli par la Bible, que le peuple a connus et a aimés sans même y être allé. Des mots, des idées, diront certains. Mais pour nous, Juifs, les idées sont une réalité. Ce qui a présidé à la création d'Israël, c'est une nostalgie, ce que les Palestiniens ne semblent pas comprendre. Israël est un lieu de refuge où ont été accueillis les survivants, mais il est aussi un lieu retrouvé qui n'a jamais cessé d'exister pour nous. Un territoire mental qui a survécu pendant des milliers d'années dans la mémoire collective d'un peuple.

Cela n'occulte pas la souffrance du peuple palestinien qui, de son côté, a également vécu une situation douloureuse, mais durant une période plus courte. En Israël, personne n'a une histoire « ordinaire », et cet ensemble d'exils et de morts persiste au fond du rêve collectif. Avec les années, nous nous sommes enfermés dans cette situation intenable qui nous pousse en direction inverse de la vocation initiale définie par le judaïsme. Peut-on se conduire en oppresseur alors que toute l'histoire du peuple juif est basée sur l'oppression qu'il a subie ? L'oppression est aussi dangereuse pour celui qui l'impose que pour celui qui la subit.

Afin de retrouver notre rêve, d'être dignes de notre pays, et afin de pouvoir transmettre nos valeurs aux générations suivantes, il faut que nous trouvions une entente avec les peuples qui nous entourent. Ennemis depuis cent ans, le temps est désormais venu d'être de bons voisins.

10

LA PAIX À PETITS PAS

Quand notre fils est né en 1984, sur la première carte que j'ai reçue à l'hôpital, on pouvait lire : « Félicitations pour le nouveau soldat ! » J'ai dit à Raphi que Assaf serait plus tard un homme très délicat, et qu'il ferait du violon : « Jusqu'à l'an 2002 », m'a répondu Raphi, et d'ajouter : « Ne t'inquiète pas, Israël n'aura plus besoin d'avoir une armée. Tu pourras jouer en duo avec ton fils. » Chaque naissance apporte un nouvel élan à ceux qui misent sur l'optimisme. Mais le discours qui accompagne la venue au monde d'un garçon est très différent de celui qui accueille une fille, car pour un garçon à la joie de la naissance ne peut que se mêler l'inquiétude. Les hommes font un service long, sont envoyés au front, et sont davantage poussés par la pression sociale à s'y distinguer, à y prendre des risques. Après tout, en 1984, sept ans s'étaient déjà écoulés depuis la visite de Sadate à Jérusalem. Le traité de paix était déjà une réalité quotidienne. Israël allait proposer une négociation directe avec le roi Hussein. L'Intifada, la guerre des Pierres, cette émeute civile de la population palestinienne, sous occupation depuis de longues années, ne devait éclater qu'en décembre 1987. À cette époque nous l'appelions *Intifada*, tout court, ignorant qu'elle ne serait pas l'unique : depuis, elle porte le nom de Première Intifada.

En 1986 surviennent une série d'événements qui laissent espérer un changement dans le cours de l'Histoire et qui paraissent annoncer une nouvelle période de réconciliation. Yasser Arafat déclare « caduque » la charte de l'OLP qui prévoyait la disparition de l'État d'Israël. Premier ministre, mon père rencontre les dirigeants espagnols et signe avec eux un accord de réconciliation, près de cinq siècles après que l'Inquisition eut expulsé, en 1492, tous les Juifs d'Espagne. Avec le roi Hassan du Maroc, il publie un communiqué qui permet l'établissement de relations diplomatiques. À Alexandrie, il obtient le soutien du président Moubarak. Le monde paraît plus accueillant envers Israël. Il nous semble que les frontières sont moins oppressantes au Moyen-Orient.

Or, la même année, un renversement se produit. Shamir, le leader de la droite israélienne, devient Premier ministre et, en 1987, il rejette une série d'initiatives proposées par mon père pour une paix avec la Jordanie. Shamir n'accepte pas son idée de réunir une conférence internationale et, pire encore, il refuse de signer l'accord de Londres prévu avec le roi Hussein de Jordanie. En 1988, lors des élections pour la douzième Knesset, les votes sont partagés : il s'est créé deux blocs et le résultat est un gouvernement d'union nationale. Cette répartition dans l'opinion publique d'Israël va caractériser une longue période où le pays est paralysé et où la société se déchire davantage encore.

En Europe, en 1989, l'Allemagne se réunifie. Dans notre région, en 1991, c'est l'invasion du Koweit par l'Irak. Les affrontements militaires qu'on croyait dépassés sont de nouveau devant nous, et Israël connaît une nouvelle forme de guerre, la guerre du Golfe. Notre fils a sept ans, notre plus jeune fille en a neuf, et la grande en a seize. La guerre du Golfe diffère de toutes les autres par sa nature et par la façon dont elle est vécue.

La guerre du Golfe m'est apparue comme une guerre irréelle, sans visage. L'ennemi n'était pas un voisin, et les termes du conflit ne relevaient pas, cette fois-ci, de la terre. L'Irak a transformé en cible la population civile de la façon la plus explicite qui soit. Nous avons vécu cette guerre en famille, dans nos foyers. Les Irakiens lançaient des scuds le soir sur des centres urbains. Pour nous protéger, nous avions calfeutré les fenêtres et nous nous étions enfermés dans des chambres étanches : nous pensions que les missiles irakiens étaient porteurs de gaz toxiques. Dans la journée, la routine continuait comme si de rien n'était, même si les gens se promenaient avec des boîtes en carton contenant les masques à gaz. Le soir, avant la tombée des scuds, les gens s'enfermaient dans leurs chambres étanches, spécialement aménagées, et leurs seuls liens avec l'extérieur étaient la radio ou la télévision qui annonçaient s'ils pouvaient sortir ou s'ils devaient rentrer. Les familles, les parents comme les enfants, demeuraient accablés par l'impuissance et l'humiliation.

Les frontières immédiates n'avaient plus la signification qu'elles avaient auparavant ; la menace venait de loin, d'Irak et non du plateau du Golan. La population arabe israélienne n'était pas visée. Nos amis arabes, citoyens israéliens, nous invitaient à passer les nuits chez eux, dans leurs maisons moins exposées que les nôtres. La guerre du Golfe évoquera désormais, dans la mémoire collective du peuple, les moments les plus difficiles depuis la Seconde Guerre mondiale, avec leur cortège de menaces et de gaz, et toujours cette focalisation sur la population juive.

Les habitants des grandes villes avaient été jusque-là les mieux protégés en temps de guerre. Ils se sont soudain trouvés les plus exposés. De nombreuses familles ont choisi de quitter leurs foyers et de partir dans des zones moins visées. L'opinion publique était très partagée ; devant une menace de destruction, certains préféraient s'éloigner, ce qui était considéré par un grand nombre comme une désertion.

La guerre du Golfe avait un caractère technologique. Or, comme disait mon père, il fallait bien une main pour lancer les missiles. Elle marqua un changement dans la conception de la défense : désormais la menace physique allait pouvoir venir de loin. La préservation d'un espace concret de protection invite à une réflexion nouvelle et à une reformulation du discours autour de la paix. Cette guerre nous a laissé l'image de personnages fantomatiques, porteurs de masques et presque déshumanisés. Bien que les dégâts aient été très localisés, les images de destruction diffusées par la télévision ont circulé dans le monde entier. Nous étions doublement impuissants vis-à-vis des enfants : nous n'avions pas les moyens de répondre aux Scuds et nous ne pouvions même pas leur épargner de telles images. Isaac Stern, virtuose musical, ne s'est, pour sa part, pas laissé décourager par la situation : il est monté sur scène, dans la plus grande salle de musique de Jérusalem, et a dirigé l'orchestre, un masque sur le visage, sa baguette à la main. « Les grands esprits ne perdent pas le souffle, même à travers le masque », disait-il.

Un nouvel aspect de notre pays s'est révélé à travers les communiqués : les annonces ont été faites en hébreu et en arabe bien sûr, en anglais et en français certes, mais aussi, et c'était la première fois, en amharique — la langue majoritaire des Juifs éthiopiens — et en russe. Voilà ce que j'appelle une salade à l'israélienne : un grand peuple dans un petit pays accueille de nouveaux arrivants de l'ex-Union soviétique et d'Éthiopie, et se prépare le soir venu à une « vinaigrette épicée », c'est-à-dire à faire face à des missiles lancés d'un État avec lequel il n'a même pas de frontière commune...

Au cours des années 80, Israël a en effet connu deux grandes vagues d'immigration. Nous appelons l'immigration *Aliah*, « montée », parce qu'on monte en Israël (comme en France, on « monte » à Paris). En 1984, 7 500 Juifs d'Éthiopie sont arrivés dans le cadre de l'Opération Moshé. Et, en 1991, dans le cadre cette fois des trois jours de l'Opération Salomon, nous avons suivi l'arrivée à la télévision de 14 400 Éthiopiens venus grâce à un pont aérien. Il est tout à fait exceptionnel de diffuser des informations à la télévision le jour du Shabbat. Les Juifs éthiopiens étaient noirs et leurs habits (traditionnels) blancs, brodés des trois couleurs, vert, jaune et rouge. Les hommes et les femmes portaient de grands châles. On les voyait descendre des avions, leurs enfants à la main, pieds nus, sans bagages. Ils évoquaient l'Exode. Mon père dira : « Jamais plus, il n'y aura de seconde Shoah. Des moments pareils pourraient à eux seuls justifier la souffrance d'Israël. »

Face à ces Juifs venus d'un monde qui nous était étranger, nous avons sans doute commis beaucoup d'erreurs, et leur intégration n'est pas encore terminée. Il en arrive constamment de nouveaux et il n'est pas toujours facile de les accueillir sans heurts. J'ai commencé à m'occuper de la scolarité des enfants et, si nous n'avons toujours pas su le faire très bien pour la génération de transition, j'essaie au moins d'assurer l'avenir des plus jeunes. La notion de « génération du désert » est monnaie courante dans le discours israélien : il s'agit d'une allusion biblique à la génération des enfants d'Israël qui ont traversé le Sinaï et ont payé le prix du passage d'une terre à l'autre. Pendant longtemps, la position officielle du gouvernement était que les investissements majeurs devaient se faire surtout auprès des enfants, mais récemment, il est devenu clair que les parents devenaient les laissés-pour-compte de ce système. Les enfants grandissent dans une famille où tout bascule, où les parents souffrent du chômage :

ainsi, non seulement les parents payent le prix du changement, mais aussi les enfants.

La composition de la société israélienne a aussi changé avec l'immigration massive venue de l'ex-Union soviétique depuis 1990. Les Juifs éthiopiens s'étaient fait remarquer par leur longue et difficile Aliah héroïque ; les Juifs d'origine russe quant à eux ont marqué la société : leur nombre s'élève aujourd'hui à un million, notre population totale étant de six millions. L'immigration russe a bouleversé le marché du travail et le prix des loyers, et elle a posé à la société des questions qu'elle ne se serait peut-être pas posées sans elle. Il y avait parmi les nouveaux arrivés beaucoup de musiciens et de médecins. Mon père disait que, avec tous ces musiciens, on pourrait monter en Israël suffisamment d'orchestres pour donner un concert à chaque coin de rue, mais qu'avec ces médecins en plus on ne souhaitait pour autant pas avoir davantage de malades... Il y avait beaucoup de couples mixtes (juifs et non juifs) parmi ces nouveaux venus. Sous la pression des « Russes », comme nous les appelions sans distinction de nationalité, la société israélienne d'aujourd'hui est en train de remettre en question le *statu quo* entre religieux et laïcs, tel qu'il existait depuis la création de l'État.

Les Juifs russes, venus avec un regard extérieur, ont également remis en cause l'Éducation nationale, qui traversait une crise assez importante : ils n'ont pas hésité à exprimer leur mécontentement. Pour comprendre cette crise, il faut remonter un peu en arrière. La génération d'après guerre élevait les enfants dans la liberté la plus absolue : elle cherchait ainsi à compenser les traumatismes et la mémoire des « enfants cachés », auxquels on avait volé leur enfance. Notre génération, celle qui a suivi, s'est sentie coupable, me semble-t-il, de continuer à faire vivre une troisième génération dans une atmosphère de guerre continue. Peut-être avons-nous exigé d'eux des sacrifices beaucoup trop grands. Il en est résulté des situations désastreuses : des enfants mal élevés, sans bonnes manières, grossiers, s'arrogeant le droit de tout faire, trop protégés au point d'avoir perdu toute raison de s'investir et de lutter.

Il faut dire aussi que bien des familles avaient été en partie déstructurées. Celles qui étaient venues d'Europe avaient souvent été réduites à un tout petit noyau familial. Beaucoup d'enfants ne connaissaient ni oncles ni grands-parents. Les familles orientales en revanche n'avaient en général pas été touchées par la Shoah, et avaient réussi dans certains cas à préserver des structures plus stables.

Le désarroi des familles, face à l'éducation des enfants, a pris en Israël, peut-être plus qu'ailleurs, des proportions énormes : les usages et les modèles de bonne conduite se sont inexorablement perdus. Ils reposaient sur un fond où se mêlaient les cultures les plus diverses, et par-dessus tout sur la tradition talmudique qui encourage l'élève à formuler des questions et à ne pas accepter d'emblée l'autorité du maître. Le besoin d'instaurer de nouvelles formes d'autorité se faisait sentir de plus en plus : pour y répondre, la radio et à la télévision ont créé des émissions spéciales auxquelles j'ai participé. J'ai fait là des expériences très enrichissantes, en essayant de partager avec les parents ce que nous savions des apprentissages de la lecture et de l'écriture chez leurs enfants. Nous voulions que les parents retrouvent une certaine confiance en leurs enfants, afin que ceux-ci puissent en retour s'appuyer sur cette sécurité. L'anxiété a toujours été mauvaise conseillère : elle est hélas omniprésente dans les rapports entre parents et enfants. Une grande partie de la responsabilité de la défense du pays repose sur les épaules des plus jeunes. Outre les décisions importantes qui sont le lot de tous les adolescents à l'orée de l'âge adulte, nos jeunes sont confrontés à des discussions vitales, au sens propre, qui concernent leur service militaire. Les adultes quant à eux souffrent d'une culpabilité qui s'aggrave à chaque nouvelle tension aux frontières. Dans ces conditions, il n'est pas étonnant que les adolescents en profitent pour acquérir une grande liberté, parfois même démesurée.

En 1993, notre fils a neuf ans : le même temps s'est donc écoulé depuis que son père a fait cette imprudente promesse : « Plus de guerre, plus besoin d'armée. » Pourtant, 1992 a été une année rude, marquée par une série d'actes terroristes commis par les islamistes, dans des endroits du monde éloignés d'Israël : à l'ambassade de Buenos Aires, un attentat fit de nombreux morts, et l'explosion, à Manhattan, du Word Trade Center de nombreuses victimes.

Dans notre région, l'avenir semblait pourtant s'ouvrir sur un nouvel espoir. En septembre, Israël et l'OLP ont pris des engagements de reconnaissance réciproque. Une semaine plus tard, lors d'une cérémonie à la Maison-Blanche, Rabin et Arafat échangèrent une célèbre poignée de main. Les accords de paix, longtemps préparés en secret, ont été rendus publics. Cette scène sur la pelouse verte en cette journée ensoleillée et sous ce ciel bleu clair, a été diffusée dans le monde entier. Pour nous elle marquait, croyions-nous, la fin d'un rejet et l'annonce d'une renaissance.

Le jour où les accords avec la Jordanie ont été signés, en 1994, j'étais aux États-Unis pour une tournée de conférences qui me contraignait à prendre beaucoup de vols locaux. À l'aéroport, je tendis machinalement mon billet au jeune homme assis au guichet. « Comment prononce-t-on votre nom, madame ? C'est un nom hébreu ? », me demanda-t-il avec un petit sourire. « Oui, il veut dire *gazelle*. — C'est bien ce que je pensais, ajouta-t-il avec un regard rêveur et nostalgique. Je vous offre une promotion ! » Avant que j'aie eu le temps de le remercier, il continua : « Je me suis porté volontaire dans un kibboutz en 1980... Elle était mignonne ma Tsvia ! Et aujourd'hui, nous signons les accords avec la Jordanie, ça mérite bien une petite fête ! » Le vol en première classe m'a permis de me préparer, j'ai pris mon champagne pour célébrer l'événement, avant de regarder la cérémonie depuis ma chambre d'hôtel. Elle se déroulait à l'endroit où j'avais fait mon service militaire. Très émue, je me souvenais des longues heures passées à Grofite, à contempler la Jordanie et à regarder l'autre côté de la vallée, en me demandant : « Aurons-nous un jour une paix ? Aurons-nous l'occasion d'aller de l'autre côté, là-bas ? » Mon travail actuel m'a ramenée vers cette vallée, car nous avons mis en route un projet de développement commun entre un lycée israélien et deux collèges jordaniens. Les collèges jordaniens se trouvent exactement dans le village qu'on voyait de Grofite. Leurs élèves et les nôtres ont monté ensemble un site internet, dans lequel ils présentent le produit d'une étude commune sur l'habitat de la région. Les parents de ces enfants, qui habitaient pourtant des deux côtés de la frontière, ne s'étaient jamais rencontrés. Les jeunes, qui se voyaient régulièrement, avaient fait de ce site un lieu partagé, qui ne dépendait d'aucune frontière : malheureusement, l'Intifada d'el-Aqsa a freiné la réalisation complète du projet.

L'ironie de l'Histoire fait que cinq personnalités de notre région, qui a connu plus d'un siècle de conflits, ont reçu le prix Nobel de la paix : Sadate et Begin en 1977, Arafat, Rabin et mon père en 1993. J'attache une importance d'autant plus grande à ce prix que j'y vois un encouragement à la ténacité et à la poursuite du processus. Notre famille, qui évite habituellement de s'exposer en public, a vécu à Oslo une expérience très particulière. Ce fut un moment jalonné de symboles, mais également empreint de retenue. La neige qui tombait sur la Norvège contrastait avec l'ambiance très méditerranéenne qu'y mettaient les participants. Le vendredi soir, nous avons fêté Shabbat ensemble à l'hôtel, la famille de Rabin, la nôtre et toute la délégation d'Israël. Celle-ci était composée de personnes très différentes les unes des autres : des Juifs, des Arabes et des Druzes, des politiques, des écrivains, des chanteurs et des gens qui avaient perdu leurs proches lors des conflits. Ce fut le seul moment pendant le week-end où nous nous sommes retrouvés seulement entre Israéliens. Cette cérémonie de Shabbat célébrée dans l'intimité, mais solennelle, nous a rassurés : tout le monde participait aux chants et aux prières, et les paroles collaient à la réalité avec un sens immédiat :

« Celui qui apporte la paix dans le ciel, apportera la paix chez nous et chez le peuple d'Israël, et sur la terre entière, et disons *Amen.* »

Tout semblait métamorphosé. Le passé paraissait reculer définitivement derrière nous. Finies la violence et la haine aveugle. Nous étions ivres de bonheur, et les Palestiniens aussi. Nous pensions qu'une nouvelle époque s'ouvrait devant nous.

Mais la haine veillait des deux côtés, chez nous comme chez les Palestiniens. Un nouveau conflit survint à l'intérieur d'Israël. Plus la paix approchait, plus les extrémistes adoptaient des conduites désespérées. En février 1994, Baruch Goldstein, un extrémiste juif, médecin de profession, ouvrit le feu à Hébron, à l'intérieur du tombeau des Patriarches, lieu emblématique du conflit et lieu saint pour les juifs comme pour les musulmans. Depuis le début du siècle, objets d'art et souvenirs en tous genres, fabriqués en Israël, portent l'image du tombeau des Patriarches. Et tout enfant, en Israël, connaît l'histoire du premier contrat d'achat immobilier, raconté dans la Genèse (23, 4 et 17) : Abraham, qui vient de perdre son épouse Sarah, cherche à acheter un caveau pour l'ensevelir et pour pouvoir y être lui aussi enseveli plus tard :

« "Je ne suis qu'un étranger domicilié parmi vous. Accordez-moi la propriété d'une sépulture au milieu de vous, que j'ensevelisse ce mort qui est devant moi." Les enfants de Heth répondirent à Abraham : "Écoutenous Seigneur. Tu es un dignitaire de Dieu au milieu de nous. Dans la meilleure de nos tombes, ensevelis ton mort. Nul d'entre nous ne te refusera sa tombe pour inhumer ton mort." Alors Abraham ensevelit Sarah son épouse dans le caveau de Makpêla, en face de Mambré, qui est Hébron, dans le pays de Canaan. »

Les musulmans, eux aussi, tiennent au caveau, où ils célèbrent régulièrement des prières. Ce tombeau, au départ symbole de cohabitation entre Heth et Abraham, est devenu un lieu de disputes continuelles. Lors de la fête de Pourim, Baruch Goldstein est entré dans le caveau alors que les musulmans y priaient, et il a tiré sur les fidèles : près de quarante d'entre eux ont été tués. Ce fut une des journées les plus pénibles de ma vie. En Israël l'extrême gauche prétendait que, puisque la majorité de la population était musulmane, nous devions rendre Hébron aux Palestiniens. Certains allaient même jusqu'à dire qu'il s'agissait après tout d'une ville comme une autre. Pour moi, parler d'Hébron comme de Naplouse ou de Gaza, c'était nier une dimension importante de la civilisation juive et gommer le souvenir d'une ville qui figure dans notre mémoire depuis l'enfance. Ma position était, et demeure : c'est parce que nous tenons à Hébron qu'il faut par-dessus tout que la paix y règne. Je ne veux pas que la ville soit bombardée. Je tiens à ce qu'elle reste intacte. J'aimerais pouvoir y aller quand je veux, mais j'aime encore mieux y aller en bonne voisine que d'en être une occupante. J'éprouve pour Hébron un attachement qui me vient de l'histoire juive, mais, aussi fort soit-il, je n'ai pas besoin qu'elle nous appartienne. Elle est déjà mienne : elle fait partie de mes territoires spirituels et figure dans mon langage. Du crime de Goldstein, j'ai tiré un enseignement doublement douloureux. Il peut arriver qu'un homme apparemment paisible en vienne à utiliser un moyen désespéré, au nom d'une ferveur fanatique. Je regrette qu'il y ait parmi nous des individus qui ne condamnent pas son geste avec la détermination attendue. Il y a parmi nous plus de violence que je n'étais prête à me l'avouer.

La marche vers la paix continuait, à petits pas, même si le prix en devenait de plus en plus coûteux. En tant que ministre des Affaires étrangères d'Israël, mon père avait pu signer l'accord du Caire et de Jéricho ; il avait fait une visite officielle à Amman et signé la déclaration qui mit fin à la guerre avec la Jordanie. Lors d'une visite à Rabat, il avait été décidé d'ouvrir un bureau de liaison entre le Maroc et Israël et de tenir un sommet économique à Casablanca. En 1995, un accord fut conclu avec Arafat pour l'extension de l'autonomie palestinienne.

Ces activités diplomatiques avaient des répercussions à l'intérieur de l'État. Le 4 novembre 1995, un grand nombre d'Israéliens se réunirent à Tel-Aviv pour manifester en faveur de la paix. Sur le podium, Itzhak Rabin embrassa mon père qui, après de longues années de rivalité politique, était devenu son partenaire privilégié. Ayant dépassé l'âge de soixante-dix ans, tous deux, du haut de leur sagesse, espéraient léguer à la jeune génération une paix durable. Cette manifestation apportait pour les uns un message d'espoir et de vie, et constituait pour les autres une si grande menace qu'elle s'acheva par un crime : Rabin fut assassiné au moment où il descendait de ce podium, mon père le précédait de quelques pas.

Les images de cette manifestation, brutalement rompue par les coups de feu, ont fait le tour du monde. Les larmes, les bougies et les obsèques de Rabin ont été diffusées par tous les médias. La terreur et l'effroi ont secoué et ébranlé la société israélienne, qui ne sera plus jamais ce qu'elle était auparavant. Nous rentrions ce jour-là d'un week-end en Galilée, et nous écoutions dans la voiture le récit de la manifestation : le commentateur soulignait la complicité établie entre Rabin et mon père. Arrivés à la maison, ma fille avait allumé la télévision pour suivre les derniers moments de cette soirée. Je l'ai entendue crier et pleurer : « Rabin a été assassiné ! » Je ne parvenais pas à admettre qu'il était vraiment mort. Je ne voulais pas accepter l'évidence. « Il s'en sortira », disais-je à ma fille. Elle m'en veut, depuis, de n'avoir pas eu le courage d'accepter en même temps qu'elle la vérité.

Jusque-là, Israël s'était toujours enorgueilli d'avoir échappé à la guerre civile. Le meurtre du Premier ministre par un citoyen, juif de surcroît, était une agression contre le commandement impératif : « Tu ne tueras point. » La disparition de Rabin a traumatisé mon fils, qui avait alors onze ans. Le lendemain du meurtre, en rentrant de l'école, il se mit au piano en demandant : « Peut-on jouer aujourd'hui ? » Je lui répondis que toute expression de chagrin était légitime, mais que, selon les usages, on ne jouait pas de musique un jour de deuil national. Il se mit alors à écrire un poème. Le refrain disait : « "Rira" n'est plus, il ne rira plus. » Itzhak, le prénom de Rabin (Isaac en français), veut dire « Il rira ». Dans la Bible, Sarah, sa mère, choisit ce nom en souvenir du rire avec lequel elle avait accueilli la promesse divine de donner naissance à un fils alors qu'elle avait perdu tout espoir d'enfanter :

« Pourquoi Sarah a-t-elle ri en disant : "Est-ce que vraiment j'enfanterai maintenant que je suis vieille ? [...] Quiconque l'apprendra rira [Itzhak] à mon sujet." [...] Abraham appela du nom d'Itzhak son fils » (Genèse 18, 13 ; 21, 6 ; 21, 3).

Dans la tradition juive, le nom d'Itzhak évoque l'espoir d'avoir un enfant et le sacrifice dont il risque d'être la victime. Le poème de mon fils a beaucoup marqué l'opinion en Israël, où la population était en état de choc, ce qui la rendait particulièrement réceptive. Il avait été écrit par un enfant de onze ans dont le grand-père aurait pu être assassiné à la place d'Itzhak Rabin.

J'ai d'abord réagi en estimant, comme beaucoup de gens autour de moi, que l'assassin de Rabin était un fou furieux plutôt qu'un religieux fanatique. Le lendemain de l'assassinat, lors d'une interview à la radio, j'ai parlé de « mauvaises herbes » pour désigner ceux qui s'opposaient au processus de paix. J'ai reçu aussitôt plusieurs coups de téléphone précisant que je me trompais et que ce n'était pas de mauvaises herbes dont il s'agissait, mais de tout un jardin que nous n'avions su ni cultiver ni soigner.

Les signes avant-coureurs de la violence n'avaient pourtant pas manqué à qui voulait bien les voir. Mais la plupart d'entre nous n'avaient pas le courage de les regarder en face. Je n'ai pas raconté à mes parents les lettres de menace et les coups de téléphone qui, de jour comme de nuit, accusaient mon père de trahison à l'égard d'Israël ; nous avons de même subi des actes de vandalisme contre nos voitures, le saccage de mon bureau, les insultes publiques. Est-ce qu'à travers le silence nous voulions nous protéger de l'inquiétude ? Voulions-nous naïvement nous raccrocher à l'espoir, en refusant d'envisager la gravité des événements ? N'avions-nous pas sous-estimé l'angoisse et la détresse des opposants au processus de paix ?

Chacun de ces incidents aurait pourtant dû nous mettre en garde et nous faire comprendre que la société israélienne était déchirée, et que certains, ayant perdu tout espoir de préserver le Grand Israël, avaient choisi de recourir aux injures et à la brutalité. J'ai toujours cru que leur opposition s'atténuerait, et il me semblait que le processus se mettrait dès lors en marche.

L'opinion publique en Israël est divisée en trois grandes tendances. Pour simplifier, je dirais que la première est « pragmatique », elle consiste à rechercher un compromis qui permettrait à l'État d'avoir des frontières sûres ; la deuxième est une tendance « défen-

143

sive » qui veut délimiter la géographie du pays selon les frontières naturelles ; la troisième est une tendance plutôt « messianique » qui rêve de rétablir le Grand Israël et considère seulement les frontières définies par la Bible. L'espoir de paix nous a aveuglés et nous a empêchés d'écouter les voix des opposants — aussi bien celles venues de l'intérieur du pays que celles portées à l'extérieur.

Mon père a été nommé Premier ministre après l'assassinat de Rabin. L'Israël qu'il devait diriger était un pays blessé, déchiré par une rupture comme il n'en avait jamais connue. À l'angoisse causée par l'assassinat s'est ajoutée celle que le Hamas a déclenchée en lançant une série d'attentats quelques semaines avant les élections afin d'accélérer la création de l'État promis. Ceux-ci ont atteint des cibles sensibles et vulnérables au sein de la population civile, et, loin d'accélérer les accords, ces agressions ont affaibli le camp de la Paix. Les militants, qui venaient de subir un choc terrible, se sont retrouvés plongés dans un désespoir total. Aux élections qui ont suivi, ils n'ont pas pu mobiliser une majorité suffisante, c'est pourquoi Netanyahou, représentant de la droite, qui n'avait jamais joué un rôle sur la scène politique, a pu subitement être élu Premier ministre en 1996.

J'ai d'abord vécu les guerres en tant que jeune femme, au rythme de la perte de mes amis, surtout des hommes, qui tombaient sur le front. Puis, en tant que mère, j'ai partagé avec mes amies la douleur de la perte de leurs enfants, frappés au cœur de la vie civile.

En 1996, une institutrice venue faire son stage dans l'institution que je dirigeais avait une fille du même âge que la mienne, quatorze ans ; elle s'appelait Bat Hen (ce qui signifie en hébreu « Fille du charme ») : elle a été tuée pendant l'attentat de Tel-Aviv, au mois de mars. Ses parents étaient et sont encore des militants de la Paix. L'une de mes très proches collègues avait aussi une fille du même âge, du nom de Semadar (« Bourgeon de fruit »). Comme sa mère voulait qu'elle parle couramment l'arabe, Semadar avait pour baby-sitter une femme arabe d'un village voisin. Semadar a été tuée lors d'un attentat survenu dans la rue piétonne de Jérusalem. Ma collègue, son mari et leurs parents sont toujours des militants pour la Paix. En l'espace d'un mois, alors que les accords d'Oslo avaient déjà été signés, mes deux amies ont perdu leurs filles, qui n'étaient pas des soldates mais simplement de jeunes lycéennes. Notre optimisme est brutalement retombé.

Raphi et moi avions cherché à devenir actifs dans les mouvements qui faciliteraient la paix, en réparant les injustices causées par l'occupation, mais sans pour autant participer à des manifestations publiques. Mon père étant toujours au premier plan de la scène politique, chaque membre de la famille se sentait un peu brimé lorsqu'il souhaitait exprimer ses sentiments personnels.

Les adhérents du mouvement pour la Paix créèrent un nombre très important d'associations (qui va en s'accroissant) afin de contribuer à l'élaboration des structures sociales nécessaires. Raphi devint actif dans une association de médecins chargée de veiller aux Droits de l'homme et d'offrir de l'aide aux villageois palestiniens. Dix ans après la signature des accords d'Oslo, cette association se chargera également d'organiser des échanges entre médecins israéliens et arabes.

De mon côté, je collabore à la publication d'un journal bilingue, *Fenêtres* (*Shababik* en arabe, *Halonot* en hébreu), qui cherche à ouvrir l'horizon de ses jeunes lecteurs, de treize à dix-huit ans. Ses reporters sont des juifs, des musulmans et des chrétiens israéliens, ainsi que des Arabes palestiniens issus entre autres de Gaza et Ramallah. Du lieu où je me situe, c'est toujours à travers des initiatives visant à cultiver la parole et l'écoute mutuelle que je pense pouvoir contribuer à la paix.

11

L'HÉBREU, LANGUE PROMISE
SUR UNE TERRE MATERNELLE

Israël est un pays d'immigrants « venus de soixante-dix pays et parlant soixante-dix langues » (expression talmudique). L'hébreu était leur langue commune, qui s'est banalisée au fur et à mesure qu'elle s'est répandue. Les fondateurs parlaient l'hébreu par conviction et par ardeur militante. Chacun d'eux avait une langue maternelle différente qu'il cherchait à refouler. De nombreux enfants ont eu assez tard la surprise de découvrir que leur famille connaissait le russe, le polonais ou l'arabe. Je me souviens de ma propre surprise lorsque, enfant, j'ai entendu mon père s'exprimer en yiddish. Parler une autre langue était interdit, de même qu'évoquer la Shoah et la Diaspora. Il fallait oublier, réparer, survivre à la honte d'être restés vivants. En fait, les premières années qui suivirent la Seconde Guerre mondiale ont été marquées par le double mutisme de toute une génération : ceux qui n'avaient pas de langue légitime pour raconter ce qui s'était passé et ceux qui, de toute façon, ne voulaient pas chercher les mots pour dire leurs secrets.

Ma grand-mère paternelle avait elle aussi un secret.
J'avais pour elle une très grande admiration, notamment parce qu'elle était une grande lectrice. Elle
lisait les écrivains russes que je ne connaissais qu'en
partie, puisque mon choix se limitait aux traductions
hébraïques. Souvent, en fin de semaine, nous allions,
mon cousin et moi, célébrer Shabbat chez elle. Et le
vendredi après-midi, elle nous emmenait chez son
libraire où nous avions le droit de choisir un livre pour
la semaine. Je menais chaque fois de grands pourparlers avec mon cousin pour lui faire choisir les livres
que je voulais lire. Ma grand-mère aurait voulu que
chacun prenne deux livres, mais la famille s'y était
opposée pour ne pas faire de nous des enfants gâtés.
« Le choix d'un livre est une décision importante,
expliquait mon père, et un tel problème ne peut pas
toujours se régler en décidant d'acheter deux livres au
lieu d'un. »

De retour à la maison, le soir d'un de ces fameux
vendredis, je remarquai dans la chambre de ma grand-
mère, sur sa table de chevet, un livre écrit en hébreu et
marqué d'un signet. La casse-pieds littéraire que j'étais
avait remarqué la semaine suivante que le même livre
était posé à la même place, ouvert à la même page, et
que le signet ne semblait pas avoir été déplacé. Je
n'avais que onze ans, mais je me souviens de mon indi-
gnation : je ne pouvais pas imaginer qu'on ne termine
pas la lecture d'un livre dans la semaine. J'en fis la
remarque devant tout le monde pendant le dîner, mais
le silence gêné des adultes me fit comprendre qu'il y
avait là un secret dont on n'avait pas voulu parler. Ma

grand-mère, tantôt pâle tantôt rouge, faisait signe du regard à mon grand-père : « C'est à toi de lui expliquer. » D'un pas hésitant, il m'emmena dans la chambre, puis souleva le matelas du lit et me montra des dizaines d'ouvrages écrits en russe et en yiddish, des grands et des petits bouquins, des rouges et des noirs, des neufs et des vieux, un ou deux livres en belles reliures, des journaux — un monceau de livres ! Il m'a alors expliqué que c'étaient là leurs véritables lectures. Ma grand-mère vint se justifier : jusqu'à son arrivée en Israël, elle n'avait jamais vraiment acquis le goût de lire en hébreu. Elle pouvait évidemment parler cette langue et elle la lisait couramment, puisqu'elle était habituée à lire le yiddish qui s'écrit en caractères hébraïques. Elle pouvait même déchiffrer suffisamment le journal pour y lire les nouvelles. Mais le russe demeurait sa langue maternelle, la langue des poètes et des grands romanciers, la langue de la musique et des champs et, surtout, la langue des paysages de son enfance. Elle ne pouvait éprouver d'émotions qu'à travers le russe. Mais l'interdit sur les langues autres que l'hébreu était si fort qu'elle ne pouvait pas en faire l'aveu public. La complicité que j'avais avec elle s'en trouva grandie. Durant les mois qui suivirent, elle m'apprit à lire et à écrire en lettres cyrilliques, et nous allions désormais ensemble dans sa librairie russe : elle y achetait ses journaux, des recueils de poésie et des romans, tandis que moi j'y choisissais mes partitions de musique. Pour faire triompher le « renouveau de la langue », à un certain moment de notre histoire, les plus doux d'entre nous ont dû accepter de cacher une partie de leur identité.

À travers les siècles, notre peuple dispersé avait perpétué deux traditions en plus de la nostalgie de la terre : la lecture de la Bible et l'étude de son interprétation. Les Juifs, où qu'ils soient, lisent tous la même *paracha* (les cinq premiers livres sont divisés en sections dont chacune correspond à une semaine de l'année). Où qu'ils vivent, ils étudient la même « page du jour » du Talmud (interprétations de la Bible accumulées par la sagesse des générations). Les modes de pensée et le vocabulaire dérivant de ces textes servent de références non seulement aux religieux pratiquants mais à toutes les personnes éduquées, même si leurs origines ne sont plus aujourd'hui connues de tous. C'est que l'exégèse n'est ni une religion ni une philosophie, mais une forme de pensée. Dans ces textes, il n'y a pas de vérité imposée mais une multiplicité de choix. Par exemple, « Pirké Avot » (« Les maximes des Pères », un traité de la Michma), est un texte de base du judaïsme humaniste, enseigné aux jeunes enfants, et écrit selon ce principe : « Untel a dit... Un autre a dit... » Ces maximes réclament non seulement une discipline intellectuelle mais un mode de vie. Elles développent le goût de l'étude, car, comme le dit le Talmud : « Le monde repose sur l'haleine des enfants qui étudient. »

Pour passer de l'enfance à la vie adulte, chacun est invité à participer à une lecture publique du livre du peuple. C'est grâce à cette transmission continue des textes que l'hébreu a pu être rénové et modernisé.

Entre les IIe et XIXe siècles, la langue n'était parlée dans la pratique quotidienne que par peu de gens. Jusqu'à l'année 1885, à la naissance d'Ithamar Ben-Avi, aucun enfant ne l'avait reçue de son père et de sa mère au titre de langue maternelle, mais elle n'avait pas cessé de véhiculer la pensée et la réflexion. Cette permanence à travers les siècles explique qu'on puisse aujourd'hui amener de jeunes enfants devant les rouleaux de la mer Morte exposés au musée de Jérusalem et leur faire lire un texte qui a plus de deux mille ans d'existence : avec un commentaire de quelques minutes, ils sont capables de lire un paragraphe du Livre du prophète Isaïe.

En 1973, suite à mon mariage, Tel-Aviv est devenu mon nouveau lieu de vie et de travail, et je me suis toujours, depuis, considérée comme exilée de Jérusalem. J'ai commencé à enseigner la linguistique et l'hébreu à l'Institut Beit-Berl, la plus grande École normale d'Israël. Beit-Berl (« La maison de Berl ») porte le nom de Berl Katsenelson, philosophe du mouvement travailliste, né en 1887 (deux ans après la naissance d'Ithamar Ben-Avi) et mort en 1944 (un an après la disparition d'Ithamar Ben-Avi). Berl Katsenelson a été le mentor de mon père, il l'a profondément marqué. Je consulte souvent ses ouvrages parce qu'il a su introduire un mode de vie laïque sans pour autant se détacher d'un message judaïque. Né en Russie, son père pensait qu'il ne devait pas commencer par apprendre le russe, car la littérature de cette langue était tellement séduisante qu'elle risquait de le détourner de l'hébreu. « Qui connaît le judaïsme par une traduction ressemble à celui qui embrasserait sa mère à travers un voile », disait Bialik (poète hébreu mort en 1934), pour illustrer le lien si fort entre la langue et le judaïsme. Le père de Berl Katsenelson avait pris au sérieux cette maxime : il fit donc venir à la maison un professeur qui enseigna à son fils d'abord l'hébreu, la Bible puis le Talmud. Ce n'est qu'à l'âge de huit ans qu'il jugea son fils prêt à aller dans une école russe et commencer à lire la littérature. Pour apprendre l'hébreu moderne, comme il n'y avait pas de livres pour enfants, son père lui avait apporté un petit ouvrage sur les Dix Commandements. Mais il n'y avait que neuf récits, et non dix, parce qu'il était impossible d'illustrer pour les enfants le commandement qui dit « Tu ne convoiteras pas la femme de ton voisin »... Il avait à sa disposition comme lecture laïque le premier guide moderne d'Israël, écrit par Lunz au début du XIXᵉ siècle, et un album sur « les Fleurs d'Israël ». Ainsi, lorsqu'il quitta la Russie pour Israël, il croyait parler hébreu, mais il ne connaissait en fait que celui de la Bible et quelques expressions tirées du guide et de l'album : dans un pays plutôt aride, où la verdure n'était pas très abondante, il ne pouvait s'appuyer sur ses lectures pour demander des informations pratiques — son langage précieux ne pouvait s'avérer efficace pour communiquer.

L'école porte son nom parce que c'est lui qui l'a créée, en la concevant au départ comme une université pour les ouvriers. Dans la tradition juive, on appelle « Lunes de la mariée » les mois d'été où l'on étudie la Torah, à un moment où il y a peu de travail à faire dans les champs. Par transposition, cette école devait accueillir les ouvriers pendant les mois d'été trop chauds pour les travaux agricoles, et leur proposer une période d'étude et de réflexion. Elle était située, à l'époque, dans un endroit retiré, en pleine vallée du Saron, qui baignait alors dans la verdure, ce qui était exceptionnel. J'ai commencé mon travail dans cette école en 1973 ; j'en étais la directrice, elle est devenue depuis une école mixte qui sait combiner traditions et modernité.

J'ai souvent pensé que j'avais de la chance de parler la langue dans laquelle est écrite la Bible, parce que des noms qui ne sont, pour le monde occidental, que des noms propres, sont pour nous des mots qu'on emploie dans la vie de tous les jours. Adam et Ève, en hébreu, ont une étymologie précise : Adam, qui veut dire « un homme », est lié à *adama*, « la terre », et à *dam*, le « sang ». Le nom d'Ève, *Hava*, est dérivé de *haï*, qui désigne « tout ce qui est vivant ». On peut difficilement comprendre le texte de la Genèse si on ne le sait pas : « L'homme donna pour nom à sa compagne Ève, parce qu'elle fut la mère de tous les vivants » (Genèse 3, 20). *Shabbat*, par exemple, en hébreu veut dire « cesser » : le mot évoque l'arrêt, comme dans *lishbot*, qui signifie « arrêter de travailler, faire grève ». Les traductions n'évoquent rien de tout cela, à moins d'ajouter un commentaire à chaque mot. Ces exemples illustrent la singularité du déroulement historique de l'hébreu, langue ancienne et nouvelle à la fois. En fait, le peuple juif s'est toujours investi dans la survie de cette langue. Son histoire ancienne est marquée par des expulsions et des massacres, son histoire contemporaine par un conflit continu et de nombreuses guerres. Mais jamais ces bouleversements n'ont empêché le maintien de la culture par et dans la langue. Cela a permis à l'hébreu, qui servait essentiellement à véhiculer culture et civilisation, d'être réintégré dans une pratique quotidienne et de devenir une langue vivante.

L'hébreu est une langue si archaïque que certains prétendent même que c'est la plus anciennement parlée au monde. Pour les croyants, c'est la parole même que Dieu a transmise à Moïse. Quand on l'étudie, on voit qu'elle est constituée par un certain nombre de couches historiques parfaitement identifiables. La couche initiale est celle de la Bible. Elle ressemble à des langues disparues, dont le guèze, langue liturgique, aujourd'hui encore parlée en Éthiopie, paraît être une survivance. La seconde couche est plus tardive : elle concerne l'hébreu du IIᵉ siècle dit « michnaïque » qui a subi une évolution beaucoup plus marquée que la première, car elle a été une langue parlée alors que l'hébreu biblique restait réservé à l'écriture sacrée. L'hébreu est une de ces langues qu'on disait mortes, à la façon du grec ancien ou du latin. Mais cette langue morte était restée bien vivante grâce aux Écritures, et elle a continué à unir le peuple. Elle constituait à elle seule la mémoire des Juifs dispersés, en étant leur langue écrite et religieuse alors même qu'ils parlaient la langue du pays où ils vivaient ou des langues juives telles le yiddish et le ladino. Ce paradoxe d'une langue à la fois vivante et morte a marqué sa puissance et sa faiblesse.

Il n'est pas étonnant que le renouveau de la langue hébraïque ait précédé la création de l'État d'Israël. C'est comme si le fait de se retrouver autour des mots impliquait aussi de retrouver une terre. Mais une difficulté en résultait : l'hébreu ancien, jamais oublié par le peuple, s'identifiait au sacré. Il était appelé « la langue du sacré », partiellement assimilée à la parole divine. Comment assumer un tel poids dans la vie quotidienne ? Comment accepter une laïcisation que certains considéraient comme une profanation ? Le conflit était inévitable entre les religieux et ceux qui pensaient que la renaissance de l'État passait par celle de la langue. Je me souviens toujours d'Ithamar Ben-Avi. Puisque son père l'avait coupé des autres enfants qui ne parlaient pas hébreu, il lui avait amené un chien : « Mais avec lui aussi tu ne devras parler qu'en hébreu », déclara-t-il à son fils. « Comme le berger porte les brebis sur ses épaules, je portai mon chiot et je le baptisai du mot hébreu Mahir, "vif". Vif à la course et vif d'esprit. [...] C'était pour moi un véritable ami, fidèle, et qui me protégeait chaque fois que j'essayais à nouveau de m'esquiver dans la rue pour quelques instants. » Les fanatiques religieux de Jérusalem provoquaient l'enfant lorsqu'il sortait dans la rue : les religieux qui appelaient Ithamar « le fils de Ben Yehud'ke, le mécréant », lapidèrent Mahir à mort. « Un paysan arabe rapporta le chien mort à la maison contre une petite rétribution, et ce fut dans notre cour de Souccat Shalom ["cabane de paix"] que nous enterrâmes le "premier chien hébreu", mort en héros pour la défense du "premier enfant hébreu". »

La ténacité de Ben-Yéhouda a porté ses fruits. Ithamar parla l'hébreu et seulement l'hébreu. Il eut
recours à son imagination pour fabriquer des mots qui
manquaient dans le quotidien. Il a créé par exemple
le mot *sevivon,* pour dire « toupie », et des centaines
d'autres mots, dont les enfants d'aujourd'hui ne soup-
çonnent même pas l'étonnante genèse. Les adultes qui
parlèrent ensuite l'hébreu couramment ignorent
généralement l'histoire de cette étrange coexistence
entre de jeunes mots qui datent d'à peine cent ans et
des mots millénaires. La maison de Ben-Yéhouda
devint une sorte de temple de son dictionnaire vivant
et une véritable fabrique où il construisit de nouveaux
mots à partir de langues voisines, ou calqués sur des
langues européennes, souvent à partir du français,
puisque Ben-Yéhouda comme son fils ont reçu une
partie de leur éducation en France. Ainsi, *bouba* copie
« poupée ». Ben-Yéhouda a également créé de nouveaux mots pour remplacer certaines périphrases dont
on se servait jusque-là : *dictionnaire* pour « livre de
mots » ; *journal* pour « livre du jour » ; *montre* pour « tableau d'heures »...

Autre difficulté pour rendre l'hébreu une langue
pratique au quotidien, un certain nombre de mots
n'existaient pas. On ne pouvait pas désigner en hébreu
des réalités du XXᵉ siècle, inconnues auparavant, et qui
n'avaient jamais été nommées. Il fallut organiser et
standardiser quantité de mots nouveaux. Les désigna-
tions se sont inspirées des textes anciens. Par exemple,
pour dire « électricité » en hébreu moderne, on utilise
hachmal, terme emprunté au prophète Ézéchiel, qui

livre ainsi sa vision de l'éclair : « Et je vis comme un hachmal, comme une sorte de feu entouré d'un réceptacle... Je vis comme un feu avec un rayonnement tout autour... Tel l'aspect de l'arc qui se forme dans la nue en un jour de pluie, tel apparaissait ce cercle de lumière » (Ézéchiel 1, 27). Pour dire une « allumette », *gafrour,* on s'est servi de « soufre », *gofrit,* qui apparaît dans l'histoire de Sodome et Gomorrhe : « L'Éternel fit pleuvoir sur Sodome et Gomorrhe du soufre et du feu » (Genèse 19, 24). Le mot biblique *tselem,* qui voulait dire « image » ou « forme », a donné naissance à plusieurs mots comme « photographier » : *letsalem,* ou *tsalmit,* « icône » en informatique. L'hébreu est écrit surtout avec des consonnes. Les voyelles n'apparaissent pas toujours, contrairement au français où les consonnes et les voyelles figurent sur la même chaîne. En hébreu, le mot est fondé sur un radical qui contient trois consonnes qui peuvent être lues en leur attribuant différentes voyelles. Par exemple, le radical <u>ts-l-m</u> peut avoir au moins quatre significations différentes selon l'attribution d'une voyelle : *tselem,* « image », *tsalam,* « photographe », *tsilem,* « a pris en photo », *tsulam,* « a été pris en photo ». La Cabale repose lourdement sur cette force de jouer avec les radicaux, ce qui a inspiré Marc-Alain Ouaknin pour *Concerto pour quatre consonnes sans voyelle*[1]. La Bible continue de fournir des mots tout à fait contemporains. Pour désigner « le téléphone portable », on a remplacé le début de téléphone, <u>télé</u>- par le mot *pélé,*

1. Éditions Payot, 1998.

qui veut dire « miracle », pour en faire *péléphone*. Le mot hébreu pour dire « bouton », *kaftor*, par exemple pour un bouton d'ascenseur, est pris sur la description d'une décoration du Temple : « Ses calices, ses boutons et ses fleurs feront corps avec lui » (Exode, 25,32). Un mot propre à l'hébreu, et qui n'existe heureusement pas en français, est celui de *cherhol* : « la perte de ses proches » ; de ce radical, on a tiré un adjectif et un verbe qui qualifient une famille qui a perdu ses proches. Le radical de *cherhol* vient de la Bible, où il décrit un ours qui a perdu ses nourrissons.

La réintégration de l'hébreu dans l'usage quotidien, phénomène qui n'a guère d'équivalent dans les autres langues, a été rendue possible grâce à plusieurs facteurs. D'une part, les nouveaux venus sur la terre de Sion devaient adopter une langue commune, et d'autre part, ils avaient la nostalgie de la Bible et éprouvaient le besoin d'affirmer leur nouvelle identité. Les caractères ne leur étaient pas étrangers grâce aux langues juives qui s'écrivaient pour la plupart en lettres hébraïques. Cela a donné naissance à un phénomène assez extraordinaire : les gens qui lisaient la prière lisaient un texte qu'ils ne comprenaient pas forcément. Et ceux qui écrivaient dans les langues juives possédaient une écriture qui ne servait pas leur lecture.

Je suis revenue une troisième fois au livre d'Ithamar Ben-Avi lorsque j'ai commencé ma recherche sur l'acquisition du langage. Tout enfant qui apprend sa langue maternelle crée des nouveaux mots, mais les adultes ne s'en rendent compte que lorsque ces créations changent de forme conventionnelle (par exemple « payage » pour « péage », ou « fourmiterre » pour « fourmilière »), mais à la maison d'Ithamar Ben-Avi, les adultes (et pas seulement les enfants) fabriquaient tous de nouveaux mots :

« Comment appelleras-tu la *rose** ? le questionna ma mère.

— *Vered*, lui répondit mon père.

— Mais on disait *shoshana* !

— C'était une erreur, répondit-il laconiquement.

— Et la *violette** ?

— *Segoulit*, répondit-il sans hésiter.

— Et *papillon** ?

— *Parpar*.

— Et pour *poupée** ? Je suis sûre que tu ne vas pas trouver de mot pour ça.

— *Bouba*, répondit-il dans la foulée, comme on construit *douba* sur *dov*[1]. »

Mon choix d'étudier l'apprentissage de l'hébreu a été, je m'en suis rendu compte lorsque j'étais déjà mère, ma façon de participer à l'histoire du peuple juif, sans devoir faire directement de la politique. Après la guerre de Yom Kippour, Raphi avait repris ses activités professionnelles de chirurgien. Comme beaucoup de médecins israéliens, il a voulu passer quelques années en Amérique, étape presque obligée dans la carrière d'un médecin, et pays par excellence qui per-

---

* En français dans le texte.
1. Ithamar Ben-Avi, *op. cit.*

mettait de perfectionner ses connaissances. J'ai su, en observant de près notre première fille, que j'avais envie de me spécialiser dans l'acquisition du langage. Comme on faisait alors peu de recherches en Israël dans ce domaine, il était très tentant de partir en Amérique y rédiger une thèse. Nous sommes partis tous les trois à Boston pour quelques années et nous nous sommes inscrits tous les deux à Harvard. Raphi a acquis une spécialisation de plus. Pour ma part, j'ai hésité entre une formation en linguistique pure et une autre en linguistique appliquée. Moi qui n'avais jamais envisagé de faire carrière dans l'enseignement, voilà que je choisissais de faire mon doctorat à l'École de l'éducation, par besoin d'agir autant que par curiosité intellectuelle. Les raisons de ce choix ne me sont devenues claires que des années plus tard.

En partant d'Israël, j'étais sûre qu'il me suffirait de trois ans pour parler l'anglais comme une Américaine. Et je me demandais pourquoi, en revanche, je n'avais pas maîtrisé l'arabe aussi facilement. J'ai compris que, pour s'investir vraiment dans une langue, il fallait pouvoir y impliquer une partie de son identité. En France, j'avais cherché à cacher mon nom ; aux États-Unis, je ne me gênais pas pour me déclarer israélienne, peut-être aussi puisque mon nom, Walden, ne « dénonçait » pas mon lien familial.

L'étude et l'apprentissage d'une langue n'ont pas pour seuls effets de faciliter la communication immédiate. Parler, ce n'est pas seulement échanger des paroles, mais aussi des biens d'une autre nature, que les mots masquent et révèlent à la fois.

J'ai décidé de consacrer mon temps à la création d'un centre bilingue pour la recherche et le développement d'un nouvel enseignement de la langue moderne, en hébreu et en arabe. Je n'ai pu créer ce centre qu'en 1986, cinq ans après mon retour en Israël, tant les résistances que j'ai dû combattre étaient fortes. Beaucoup de gens considéraient alors que l'hébreu était encore menacé ; de plus, ce sentiment masquait une certaine réticence vis-à-vis de l'arabe. Je finis par monter un centre monolingue, qui s'est spécialisé dans l'enseignement de l'écriture et de la lecture chez les très jeunes enfants. L'idée principale était de faciliter la scolarisation des enfants défavorisés, par un enseignement précoce de la langue parlée et écrite. Au cours des années qui suivirent, le centre a diffusé ses idées et a créé des filières dans tout le pays, au nord et au sud. Dans une petite ville accablée de problèmes sociaux (comme ceux de la délinquance et de la drogue), nous avions pris en charge les crèches et les parents d'enfants qui y étudiaient. Au bout de trois années, les enfants qui arrivaient à l'école maternelle s'étaient familiarisés avec la lecture et l'écriture, et ont ainsi augmenté leur taux de réussite scolaire.

Le fait qu'Israël soit un petit pays, de la taille d'une province française comme la Bretagne, permet, il faut le dire, d'obtenir des résultats assez sensibles durant une période relativement courte puisque la diffusion est beaucoup plus rapide. Du coup, un échec y est plus douloureux qu'ailleurs. Dans mon cas, l'échec est celui de l'enseignement de l'arabe que je n'ai pas réussi à instaurer. Il est révélateur à cet égard qu'aucun de mes trois enfants ne le parle. Dans mon entourage, l'arabe est encore lié à la violence et aux attentats. Ce qui rend les choses encore plus compliquées, c'est la nature assez spéciale des relations entre l'arabe littéraire et les différents dialectes. En revanche, les Arabes que nous fréquentons parlent tous un excellent hébreu.

Aussi étonnant que cela puisse paraître, seules quelques classes de l'école primaire en Israël sont mixtes, à la fois juives et arabes. Elles se trouvent à Jaffa, à Jérusalem et en Galilée. Il est trop tôt pour juger de leur succès. Pour l'optimiste que je suis, c'est un premier pas, souhaité depuis très longtemps.

Je n'ai pas pour autant renoncé à mes projets d'enseignement du bilinguisme en Israël, où on ne peut plus se comporter comme dans l'Empire ottoman du début du xxe siècle : de nombreuses communautés vivaient alors les unes à côté des autres en s'ignorant et en ignorant la langue des voisins. L'arabe est une langue minoritaire à l'intérieur du pays d'Israël, mais majoritaire dans la région. Connaître l'arabe permettrait aux Israéliens de mieux comprendre le monde qui les entoure. Le fossé qui sépare Israël et les Arabes est lié, entre autres choses, à l'éducation qu'ils reçoivent dans leur langue maternelle. On appelle normalement « langue maternelle » la première langue qu'un enfant apprend de sa mère. En Israël, ce sont souvent les enfants qui apprennent à leurs parents leur langue maternelle. On appelle la terre d'Israël « Terre promise » en faisant référence à la promesse faite dans les textes : « L'Éternel apparut à Abraham et dit : "c'est à ta postérité que je destine ce pays" » (Genèse, 12, 7).

Israël a su faire de l'hébreu une langue maternelle, que j'appelle une *langue promise*. Il a mobilisé toutes ses forces pour la parler à voix haute. Il nous reste à accomplir, en écoutant nos voisins, la tâche de faire d'une terre promise une *terre maternelle* pour tous ses enfants.

ÉPILOGUE

CONTRADICTIONS ET COMPROMIS

J'ai écrit ce livre pour deux raisons. D'une part j'ai voulu tenter de résoudre une énigme qui me trouble depuis plusieurs années : Israël a accompli un exploit extraordinaire en renouvelant l'usage de l'hébreu comme langue parlée et désormais diffusée par l'écrit dans un État juif. Cependant, les gens qui parlent cette langue demeurent minoritaires, et Israël entouré de voisins arabes n'a pas encore réussi à trouver sa place dans la région. Nous avons conquis la terre, apprivoisé l'eau et mobilisé le soleil ; mais nous n'avons pas su être attentifs à nos voisins dont nous n'avons pas su nous faire entendre.

Je reste d'autre part troublée par une autre contradiction. La France, dont je chéris la culture républicaine, tend à ne pas comprendre aujourd'hui la complexité de la situation politique en Israël. Si l'on en juge d'après les médias français, Israël se voit endosser le rôle d'agresseur, et les Palestiniens celui de victimes. J'ai voulu, avec le récit de mon histoire personnelle, rendre perceptible une évolution des idées qui se dégage difficilement à travers les processus en cours et qui, j'espère, permettra à l'opinion française de nuancer ses jugements.

Israël, si grand dans mon cœur, est un pays minuscule. Je dis souvent que c'est un « pays d'échantillons » ; on y trouve de tout : un désert, une montagne de neige, une côte maritime et une rivière, la mer Rouge et la mer Morte. Cette hétérogénéité trouve de même un écho dans la population qui y vit, venue des quatre coins du monde. Israël est un tout jeune État, et pourtant soumis à une importante controverse. Il tire sa force du Livre écrit dans une langue très ancienne.

Et qu'est-ce qu'un Israélien, sinon quelqu'un qui a élu cette terre parce qu'elle lui a été promise et parce qu'il en a fait le choix ? La population d'Israël est une mosaïque de peuples : Arabes, Druzes, Bédouins et Sionistes convaincus, sans oublier les nombreux immigrés qui, venus d'horizons très différents, nous accompagnent désormais. Comment concilier ces communautés ? Comment résoudre les inévitables antagonismes ? Comment faire résonner ces voix en évitant la cacophonie ? Et comment harmoniser ces voix en une polyphonie ?

La vie d'une femme, entre guerres et paix, en Israël comme en Palestine, pose des questions. Quelle terre au monde vaut la vie d'un enfant ou celle de ses amis les plus proches ? Peut-on vivre en acceptant la guerre comme seul moyen de régler les conflits ? Les femmes sont-elles douées de dons particuliers pour résoudre ces problèmes ?

J'ai commencé à écrire ce livre alors que les accords de paix paraissaient proches et accessibles. Nous avons assisté depuis, et en peu de temps, à de grands bouleversements politiques : Ehud Barak, représentant de la gauche israélienne et élu Premier ministre, a dû céder sa place après seulement vingt mois d'exercice. Une seconde Intifada a entraîné avec elle un nombre invraisemblable de victimes. Les Palestiniens, aussi frustrés et désespérés qu'ils soient, n'ont pu freiner la violence : l'opinion publique d'Israël s'est retournée contre eux, éloignant l'espoir de parvenir bientôt à une paix.

À la surprise générale, en Israël comme dans le monde, Ariel Sharon, homme de droite qui appartient à la même génération que mon père, est devenu Premier ministre dans un gouvernement d'union nationale. Mon père a accepté la fonction de ministre des Affaires étrangères, et il y met tout son poids personnel afin que la région poursuive le chemin de la paix commencé à petits pas. Nous vivons de nouveau un moment critique. Pourquoi la gauche accepte-t-elle cette situation ? Par désespoir ? Dans un souci pragmatique ?

En tant que femme, résolument optimiste, il me semble que, pour résoudre les contradictions de notre région, des compromis déchirants doivent être faits des deux côtés.

Toute naissance passe par un accouchement, si douloureux soit-il.

ANNEXES

CHRONOLOGIE

1858	Naissance en Lituanie de Eliézer Ben-Yéhouda, auteur du premier dictionnaire de l'hébreu moderne.
1859	Publication du premier journal hébreu à Odessa.
1860	Naissance a Budapest de Théodore Herzl, fondateur du mouvement sioniste.
1882	Première vague d'immigration vers la Palestine.
1885	Naissance d'Ithamar Ben-Avi.
1886	Naissance en Pologne de David Ben Gourion, premier Premier ministre d'Israël.
1890	Fondation de l'Académie hébraïque.
1894	L'affaire Dreyfus.
1896	Théodore Herzl publie *L'État juif.*
1897	Premier congrès sioniste a Bâle.
1901	Premier dictionnaire de l'hébreu moderne.
1909	Fondation de Tel-Aviv, la première ville hébraïque.
1910	Création du premier kibboutz, Degania.

1913	La guerre des langues.
1917	La déclaration de Balfour à Londres — établissement d'un foyer juif en Palestine.
1922	L'hébreu déclaré comme langue officielle de la Palestine, avec l'anglais et l'arabe.
1925	Fondation de l'université hébraïque à Jérusalem.
1941-1945	La Shoah — génocide de six millions de Juifs en Europe.
1946	Second dictionnaire d'hébreu moderne.
1947	L'ONU vote le partage de la Palestine en deux États — arabe et juif.
1948	Déclaration de l'indépendance de l'État d'Israël. Guerre d'Indépendance.
1950	Immigration de centaines de milliers de Juifs des pays arabes vers Israël.
1956	Campagne de Suez.
1962	Procès de Eichmann à Jérusalem.
1967	Guerre des Six-Jours.
1972	Massacre des athlètes israéliens aux jeux Olympiques de Munich.
1973	Guerre de Kippour.
1977	Visite de Sadate à Jérusalem.
1979	Traité de paix entre Israël et l'Égypte.
1982	Guerre du Liban.
1984	Shimon Peres est élu Premier ministre ; retrait partiel de l'armée du Liban.
1985	Opération Moshe : 7 500 Juifs arrivent d'Éthiopie.
1987	Début de l'Intifada, le soulèvement palestinien.
1990	Immigration massive de Juifs d'URSS.

Chronologie

1991	Guerre du Golfe, 40 missiles Scuds irakiens tombent sur Israël.
1991	Opération Salomon : 14 400 Juifs arrivent d'Éthiopie.
1993	Premiers accords avec l'OLP à Oslo. Poignée de main entre Rabin et Arafat à la Maison Blanche
1994	Accords de paix avec la Jordanie.
1995	Remise du prix Nobel à Arafat, Rabin et Peres. Assassinat de Itzchak Rabin. Shimon Peres chef du gouvernement.
1996	Série d'attentats suicides : 60 morts en deux mois. Netanyahou remporte les élections de justesse.
1999	Ehud Barak est élu Premier ministre.
2000	La seconde Intifada, dite Intifada d'el-Aqsa, et retrait de l'armée du Liban.
2001	Ariel Sharon est élu Premier ministre, Shimon Peres est nommé ministre des Affaires étrangères.

BIBLIOGRAPHIE

BEN-AVI, Ithamar, « Mémoires du premier enfant hébreu », in *La Renaissance de l'hébreu*, Desclée de Brouwer, 1998.

BEN-YÉHOUDA, Eliézer, « Le rêve traversé », in *La Renaissance de l'hébreu*, Desclée de Brouwer, 1998.

GROSSMAN, David, *Voir ci-dessus : amour*, Le Seuil, 1991.

HADAS-LEBEL, Mireille, *L'Hébreu : 300 ans d'histoire*, Albin Michel, 1992.

HAREVEN, Shulamith, *Ville aux jours multiples*, Belfond, 1990.

KORLACK, Yanush, *Poème pédagogique*.

LEIBOVITZ, Yeshayahou, *Judaïsme, peuple juif et État d'Israël*, Lattès, 1985.

—, *Peuple, Terre, État*, Plon, 1995.

OUAKNIN, Marc-Alain, *Le Livre brûlé*, Payot, 1989.

—, *Concerto pour quatre consonnes sans voyelle*, Payot, 1998.

OZ, Amos, *Les Voix d'Israël*, Calmann-Lévy, 1984.

PERES, Shimon, *Combat pour la paix*, Fayard, 1995.

—, *Le Voyage imaginaire*, Édition N° 1, 1998.

YIZHAR, S., *Le Prisonnier et autres nouvelles*, Actes Sud, 1999.

YEHOSHOVA, A. B., *Pour une normalité juive*, Liana Levi, 1992.

CARTES

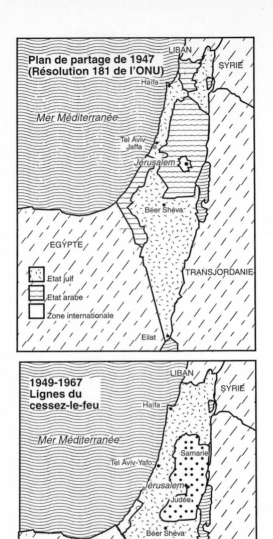

**Plan de partage de 1947
(Résolution 181 de l'ONU)**

LIBAN

SYRIE

Haïfa

Mer Méditerranée

Tel Aviv
Jaffa

Jérusalem

Béer Shéva

ÉGYPTE

TRANSJORDANIE

Etat juif

Etat arabe

Zone internationale

Eilat

**1949-1967
Lignes du
cessez-le-feu**

LIBAN

SYRIE

Haïfa

Mer Méditerranée

Tel Aviv-Yafo

Samarie

Jérusalem

Judée

Béer Shéva

ÉGYPTE

JORDANIE

Israël

Sous domination jordanienne

Sous administration égyptienne

Eilat

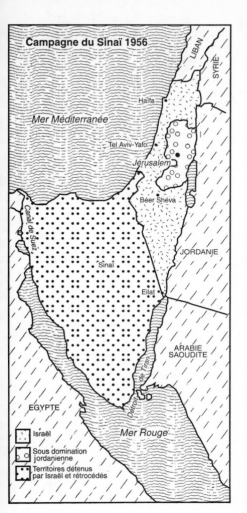

Campagne du Sinaï 1956

LIBAN

SYRIE

Mer Méditerranée

Haïfa

Tel Aviv-Yafo

Jérusalem

Béer Shéva

JORDANIE

Canal de Suez

Sinaï

Eilat

ARABIE
SAOUDITE

Détroit de Tiran

EGYPTE

Mer Rouge

Israël

Sous domination
jordanienne

Territoires détenus
par Israël et rétrocédés

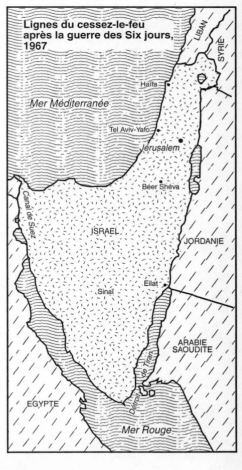

**Lignes du cessez-le-feu
après la guerre des Six jours,
1967**

LIBAN

SYRIE

Mer Méditerranée

Haïfa

Tel Aviv-Yafo

Jérusalem

Béer Shéva

ISRAEL

JORDANIE

Canal de Suez

Sinaï

Eilat

ARABIE
SAOUDITE

Détroit de Tiran

EGYPTE

Mer Rouge

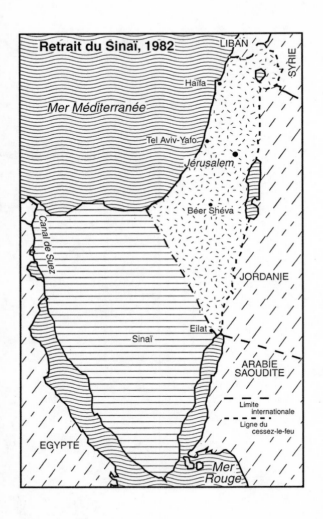

Retrait du Sinaï, 1982

LIBAN

SYRIE

Haïfa

Mer Méditerranée

Tel Aviv-Yafo

Jérusalem

Béer Shéva

Canal de Suez

JORDANIE

Eilat

Sinaï

ARABIE
SAOUDITE

EGYPTE

Limite
internationale

Ligne du
cessez-le-feu

*Mer
Rouge*

MERCI

À Raphi, figure principale de ma vie, grâce à qui le
français reste présent au quotidien, père de mes enfants et
compagnon toujours à l'écoute.

À mes enfants dont le bonheur justifie tous nos efforts et
notre optimisme.

À ma mère, omniprésente dans mon cœur, même si j'ai
choisi d'écrire mon récit dans une langue qui lui est
étrangère.

À mon père qui m'a transmis le plaisir et la force de
l'engagement.

À mes amis israéliens et français, Fanny et Gérard Akoun,
Anny Dayan et Izio Rosenmann, Danielle Kriegel et Charles
Enderlin, Denis Charbit, David Mendelson et Claude
Sitbon.

À l'Institut Beit-Berl, école où transmission et invention
se marient.

GRAND MERCI

À Claire Blanche Benveniste, grâce à qui j'ai retrouvé ma
voix dans l'écrit.

Cet ouvrage a été composé par
Nord Compo (Villeneuve-d'Ascq)
et imprimé sur presse Cameron
par **Bussière Camedan Imprimeries**
à Saint-Amand-Montrond (Cher)
pour le compte des Éditions Plon

Achevé d'imprimer en septembre 2001.

N° d'édition : 13407. — N° d'impression : 014419/1.
Dépôt légal : septembre 2001.

Imprimé en France